U0564766

宁波市社科院重点基地——一流强港与新型贸易研究基地
资助课题（JD5-ZD23）成果

RESEARCH ON THE DEVELOPMENT STRATEGY OF
OCEAN-RAIL TRANSPORTATION
UNDER THE BELT AND ROAD INITIATIVE

"一带一路"倡议下
海铁联运发展战略研究

谢京华　杨　阳◎著

ZHEJIANG UNIVERSITY PRESS
浙江大学出版社
·杭州·

图书在版编目(CIP)数据

"一带一路"倡议下海铁联运发展战略研究/谢京华,杨阳著. —杭州:浙江大学出版社,2023.4
　　ISBN 978-7-308-23472-6

　　Ⅰ.①—··· Ⅱ.①谢··· ②杨··· Ⅲ.①水陆联运—发展战略—研究—中国 Ⅳ.①F552.4

　　中国国家版本馆CIP数据核字(2023)第008492号

"一带一路"倡议下海铁联运发展战略研究

"YI DAI YI LU" CHANGYI XIA HAI-TIE LIANYUN FAZHAN ZHANLÜE YANJIU

谢京华　杨　阳　著

策划编辑	吴伟伟	
责任编辑	丁沛岚	
责任校对	陈　翮	
封面设计	雷建军	
出版发行	浙江大学出版社	
	(杭州市天目山路148号　邮政编码310007)	
	(网址:http://www.zjupress.com)	
排　　版	杭州星云光电图文制作有限公司	
印　　刷	广东虎彩云印刷有限公司绍兴分公司	
开　　本	710mm×1000mm　1/16	
印　　张	11.75	
字　　数	194千	
版 印 次	2023年4月第1版　2023年4月第1次印刷	
书　　号	ISBN 978-7-308-23472-6	
定　　价	68.00元	

版权所有　侵权必究　印装差错　负责调换

浙江大学出版社市场运营中心联系方式:0571-88925591;http://zjdxcbs.tmall.com

前　言

　　海铁联运系指进出口货物由铁路运到沿海港口直接由船舶运出，或是货物由船舶运输至沿海港口之后由铁路承担运输的，只需"一次申报、一次查验、一次放行"即可完成整个运输过程的一种运输方式。它是以港口为龙头的集铁路、水运于一体的便捷化集疏运网络，是协调政府规划、海关检疫、港口建设、铁路运输、海路运输、代理商建设等方面工作的系统工程。海铁联运在运输技术创新上有了新的突破，在运输组织上有了较大的改变，具有快速、安全、运能大、成本低等突出优势，成为当前多式联运的重要模式。

　　"一带一路"倡议的提出以"五通"为重要政策导向，其中的"设施联通"又成为工作的重心，为中国海铁联运的发展开辟了道路、指明了方向。设施联通的重点是道路的互联互通，而道路的互联互通从"一带一路"全局视角来看，有三个工作重点：一是海上通道的安全保障；二是海陆联通的轴心构建；三是大陆陆桥的拓展延伸。综合各方面因素，海铁联运是最具优势的海陆联通多式联运方式，可以实现地理上连海接陆、地缘上连亚接欧、产业上港城一体等一系列重大发展目标。

　　本书在解析"一带一路"倡议理论内涵的基础上，提出发展海铁联运是实现发展理念和蓝图的重要抓手，通过借鉴发达国家发展海铁联运的国际经验，对比我国海铁联运发展中存在的不足，分析其深层次原因。在此基础上，提出我国发展海铁联运的总体框架、思路和工作抓手，并系统地构建海铁联运发展的政策体系，为海铁联运发展提供决策参考。

目　录

第一章

"一带一路"倡议与
海铁联运

"一带一路"倡议的提出,旨在倡导和促进当今世界的和平、合作、繁荣和发展。其提出有三个主要目标:一是增进和谐。"一带一路"倡议的目的是促进当今世界的和平、合作、繁荣和发展,鼓励各国在政治、经济、文化等领域开展交流与合作,营造良好的国际环境,促进地区和世界和谐发展。二是促进发展。"一带一路"倡议的重点是增进水路、陆路、空中等路线的沟通,改善共建国家和地区的发展状况,改善当地居民的生活水平和经济条件,推动当地经济发展,促进当地社会文明水平的提高,促进世界经济的均衡发展。三是促进文化交流。"一带一路"倡议鼓励各国积极开展文化交流,实现文化融合,促进文化多样性发展,推动世界文明进步,实现文化共融的美好愿景。

"一带一路"倡议的发展理念和愿景对设施联通尤其是道路的互联互通提出了前所未有的高要求。道路的互联互通从"一带一路"全局视角来看,有三个工作重点:一是海上通道的安全保障;二是海陆联通的轴心构建;三是大陆陆桥的拓展延伸。本章主要探讨海陆联通,因此有三个基本问题需要回答:为什么要实现海陆联通?实现海陆联通的关键环节是什么?如何推进和保障海陆联通目标的实现?在这三个基本问题构筑的思路框架下,衍生出本课题的基本逻辑。

第一节 道路联通是"一带一路"建设的基础条件

道路联通是实现"一带一路"蓝图的基础条件,构建联通"一带一路"共建国家和地区的路网体系,可以降低物流成本,提高物流效率,便利贸易流通,激发经济活力,促进经济增长。同时,道路联通也是一项复杂而庞大的系统工程,需要将"带"和"路"有机地整合起来,按照经济发展和贸易流通的客观规律去稳步推进道路等基础设施建设。因此,探究"一带一路"倡议下的道路联通,首先要对丝绸之路经济带和21世纪海上丝绸之路的基本情况及其内在关联有一个深入认识。

一、丝绸之路经济带

(一)丝绸之路经济带概念的提出

2013年9月7日,国家主席习近平在哈萨克斯坦纳扎尔巴耶夫大学发表题为《弘扬人民友谊 共创美好未来》的重要演讲,提出共建"丝绸之路经济带"重大倡议。2100多年前,中国汉代的张骞两次出使中亚,开启了中国同中亚各国友好交往的大门,开辟出一条横贯东西、连接欧亚的丝绸之路。千百年来,在这条古老的丝绸之路上,各国人民共同谱写出千古传诵的友好篇章。

"丝绸之路经济带"的提出,初衷是实现"五通":一是加强政策沟通,各国就经济发展战略进行交流,协商制定区域合作规划和措施;二是加强道路联通,打通从太平洋到波罗的海的运输大通道,逐步形成连接东亚、西亚、南亚的交通运输网络;三是加强贸易畅通,各方就推动贸易和投资便利化问题进行探讨并作出适当安排;四是加强货币流通,推动实现本币兑换和结算,增强抵御金融风险能力,提高本地区经济国际竞争力;五是加强民心相通,加强人民友好往来,增进相互了解和传统友谊。[①]

(二)丝绸之路经济带的重要性

自古以来,丝绸之路经济带的地理位置就具有重要的贸易地位。

---

①习近平.弘扬人民友谊 共创美好未来[N].人民日报,2013-09-08.

20世纪80年代以来,许多国际机构和国家基于该地区的重要战略地位,纷纷提出各种开发计划。如联合国早在1988年就启动了"对话之路:丝绸之路整体性研究"项目,亚洲开发银行倡议建立了中亚区域经济合作机制,国际道路联盟提出"复兴丝路计划"等。进入21世纪后,丝绸之路经济带的地缘地位进一步提升,美国于2011年提出"新丝绸之路计划",俄罗斯于2013年提出"铁路丝绸之路计划",不少中亚、西亚国家也提出了自己的丝绸之路经济带开发构想。这些计划的动机各异,侧重点不同,但客观上也为丝绸之路经济带建设提供了基础。不同版本的"丝绸之路"都视中亚为联通欧亚的物流、资源、经济乃至政治枢纽,并寄望自己和这个枢纽"无缝对接",更有效地拓展自身贸易与经济辐射圈,扩大本国的经济、能源、安全外延。①

　　丝绸之路经济带是在"古丝绸之路"概念基础上形成的一个新的经济发展区域,体现的是经济带上国家和地区间集中协调发展的思路。丝绸之路经济带的东边是最具增长活力的亚太经济圈,西边是最具竞争力的欧洲经济圈,因此被认为是世界上最具发展潜力和增长空间的经济走廊之一。但沿带大部分国家和地区处在两个经济增长极之间的"增长洼地",使得整个亚欧经济版图上出现了"两边高、中间低"的结构性失衡。发展经济与追求美好生活成为沿带国家与民众的普遍诉求。这种朴素的需求与两大经济增长极之间希望通过陆路实现通联的需求叠加在一起,共同构筑了丝绸之路经济带的发展基础。

---

①杨正位,周宝根.丝路带新策:各种丝路计划存在大量交叉[EB/OL].(2014-04-14)[2020-10-20].http://finance.sina.com.cn/china/hgjj/20140414/131518790274.shtml.

二、21 世纪海上丝绸之路

(一)21 世纪海上丝绸之路概念的提出

2013 年 10 月 3 日,中国国家主席习近平在印度尼西亚国会发表演讲时首次提出共同建设 21 世纪"海上丝绸之路"的倡议。21 世纪海上丝绸之路,是一条促进共同发展、实现共同繁荣的合作共赢之路,是一条增进理解信任、加强全方位交流的和平友谊之路,必将为各方发展创造更多的利益共同点和经济增长点,为各方战略伙伴关系增加新的契合点。

(二)21 世纪海上丝绸之路的重要性

21 世纪海上丝绸之路的重要性主要体现在两个方面:一是 21 世纪海上丝绸之路连通的国际区域是中国外向型经济重要的国际合作对象,东盟、南亚、西亚、中亚和非洲已经成为中国对外贸易中最具成长性的贸易伙伴;二是 21 世纪海上丝绸之路是连接中国通往世界主要贸易对象——欧洲市场和美洲市场的关键海路,是中国对外贸易的战略通道,中国 80% 的对外贸易要通过 21 世纪海上丝绸之路走向国际市场,对中国经济的稳定增长具有无可替代的重要作用。下面就以东盟、南亚、西亚这些地区为例来分析 21 世纪海上丝绸之路的重要性。

"21 世纪海上丝绸之路"倡议提出之际,中国是东盟的第一大贸易伙伴,而东盟则是中国的第三大贸易伙伴、第四大出口市场和第二大进口来源地。随着倡议的推进,中国、东盟双边市场的开放规模和范围在不断扩大,相互间的关税也在逐步降低或减免,经济合作进展显著。国家统计局的统计数据显示,中国与东盟的进出口贸易总额一直在不断增长,而且中国与东盟的进出口总额占中国贸易总额的比重也在不断攀升。从进出口贸易总额的绝对数来看,中国与东盟的进出口总额从1998年的274.9亿美元增长到2014年的5573.8亿美元,年均增幅达20.1%。从中国同东盟的进出口总额占中国进出口总额的比重来看,17年间,从1998年的8.5%稳步增长到2014年的13.0%(见图1.1)。

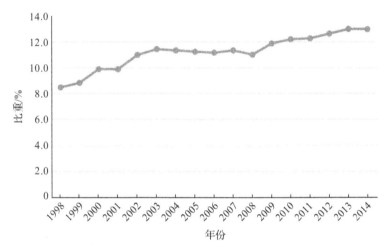

图1.1 1998—2014年中国与东盟的进出口总额占中国进出口总额的比重

南亚地区是中国自古以来最重要的贸易伙伴之一,既是中国重要的贸易对象,又与中国接壤,是"一带一路"倡议中重要的贸易走廊。从1998年到2014年的17年间,南亚地区与中国的进出口总额的绝对规模从39.2亿美元增长到1060.2亿美元,年均增幅达到22.9%;中国与南亚的进出口总额占中国进出口总额的比重也从1998年的1.2%提升到2014年的2.5%(见图1.2)。南亚诸国中,印度长期占有绝对优势,中国与印度的进出口总额占与南亚进出口总额的比重长期维持在70%以上,与其他国家的进出口规模相对较小。从2012年开始,与巴基斯坦和孟加拉国的进出口规模开始快速增长,与印度进出口总额的比重跌破70%。

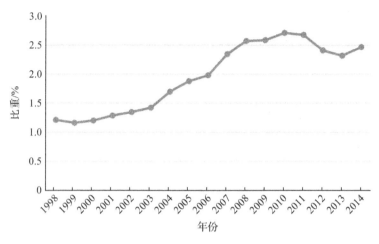

图 1.2　1998—2014 年中国与南亚的进出口总额占中国进出口总额的比重

　　西亚地区既是欧亚非贸易的重要海陆通道,又是世界重要的能源产地。随着中国经济的快速发展,对贸易和能源的需求规模快速增张,西亚地区对中国贸易经济的重要性日益凸显。同时,作为中国重要的产能转移和商品贸易目的地,西亚各国也越来越重视中国在全球贸易格局中的地位和作用。从中国对外贸易的角度看,1998年,中国与西亚国家的进出口总额为 90.6 亿美元,其中出口 57.9亿美元,进口 32.7 亿美元,分别占中国进出口总额、出口总额和进口总额的 2.8%、3.2%和 2.3%。2014 年,中国与西亚的进出口总额增至 3191.3 亿美元,其中出口增至 1537.9 亿美元,进口增至 1653.4 亿美元,占比分别提高到 7.5%、6.6%和 8.4%(见图 1.3)。从西亚对外贸易的视角看,中国的贸易伙伴地位日益重要。20 世纪七八十年代,西亚绝大部分国家总出口的 80%以上销往欧、美、日等发达国家和地区。到 2014 年,中国已顺次超越了韩国、美国和日本,成为仅次于欧盟的西亚第二大货物贸易伙伴。

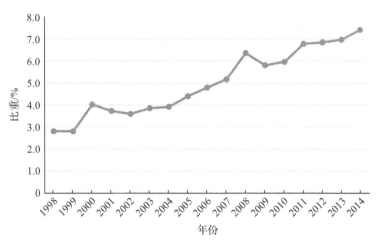

图 1.3　1998—2014 年中国与西亚的进出口总额占中国进出口总额的比重

2011—2014 年中国与东盟、南亚、西亚的进出口贸易情况详见表 1.1。

表 1.1　2011—2014 年中国与东盟、南亚、西亚的进出口贸易情况

年份	中国与东盟		中国与南亚		中国与西亚	
	贸易额（亿美元）	增幅（%）	贸易额（亿美元）	增幅（%）	贸易额（亿美元）	增幅（%）
2011	4466.8	23.2	974.1	20.9	2468.4	39.4
2012	4880.7	9.3	930.6	−4.5	2647.2	7.2
2013	5395.3	10.5	962.5	3.4	2897.3	9.4
2014	5573.8	3.3	1060.2	10.1	3191.3	10.1

资料来源：国家统计局。

三、海陆双环结构的耦合

从全球贸易格局来看，丝绸之路经济带和 21 世纪海上丝绸之路不是孤立的存在，而是一个复杂的全球性贸易环流系统的两个环流结构。早在欧洲推动的地理大发现和航海大发现之前，这两个由亚

洲主导的贸易环流结构就已稳定存在,并且保持着相对的独立性和平衡性;在地理大发现和航海大发现之后,这两个贸易环流结构被解体重构,其中海上丝绸之路被纳入欧亚海上贸易通道,成为新的欧亚非贸易环流的组成部分,同时兴起的还有美亚环流和欧美非环流,新的三大贸易环流在地理结构上不断延伸,几乎覆盖全球范围,并且相互影响,逐步形成了当代"海路兴、陆路衰"的全球发展格局。

贸易环流的运行犹如大气环流和大洋环流,环流运行顺畅,则能量和水汽的全球分布就会平衡,地球的生态环境就会稳定;反之,如果大气环流和大洋环流运行不畅,出现重大的阻滞或结构性扭曲,则能量和水汽的全球分布就会失衡,地球的生态环境就会遭遇灾难性破坏。丝绸之路经济带和海上丝绸之路所代表的陆海两大贸易环流的运行机理高度类同于大气环流和大洋环流,如果长期存在阻滞或结构性扭曲,必然会导致全球经济失衡,进而导致全球经济危机。因此,本课题组认为,"一带一路"倡议的提出,是从全球的高度,高屋建瓴地提出了耦合丝绸之路经济带和 21 世纪海上丝绸之路两大贸易环流的思想,通过和平发展、互利共赢的国际合作,重塑海陆两大贸易环流的平衡关系,在更高层次上实现全球贸易环流的稳定运行。

第二节 海陆联通是道路联通建设的关键环节

"一带一路"是全局性、整体性、系统性的发展蓝图。"带"和"路"是一个有机的整体,因此必须坚持"海陆并重,陆海相济,以陆通海,以海扩陆"的发展理念。海陆联通是道路联通布局中不可忽视的关键环节。

一、"一带一路"的交通纵深非常辽阔

"一带一路"中"带"和"路"的空间分布和区域划分不是截然孤立的,实际上,很多国家的地理区位和地缘功能决定了其在"一带一路"发展格局中交叉复合的地位,因此,"一带一路"必须通过建设横跨这个地理纵深的交通基础设施来连接共建国家和地区。下面,本课题以亚欧大陆为对象,研究了建设能够辐射全域的亚欧大陆桥通道的必要性。

二、道路联通的重心是构建陆桥通道体系

从现有的交通基础设施条件和技术条件来看,亚欧大陆桥由亚欧大陆三条铁路线组成:一是第一亚欧大陆桥,即西伯利亚铁路,从符拉迪沃斯托克(海参崴)出发,途经欧洲各国,最后到荷兰鹿特丹港,全长约 13000 公里;二是第二亚欧大陆桥,又称新欧亚大陆桥,东起中国连云港,经哈萨克斯坦、俄罗斯、白俄罗斯、波兰、德国,止于荷兰鹿特丹港,全长约 10800 公里;三是第三亚欧大陆桥,即亚欧大陆上第三条铁路线,目前正在构想和设计之中,它的起点位于深圳,由昆明经缅甸、孟加拉国、印度、巴基斯坦、伊朗和土耳其,再经东欧和中欧,终抵荷兰鹿特丹港,全长约 15000 公里。[①] 由此可见,欧亚大陆桥通道的交通纵深都在上万公里,必须在现有的多种交通方式中进行慎重的选择,确保技术上的可靠性和经济上的可行性。

三、海陆联通是激活陆桥通道功能的关键

丝绸之路经济带和 21 世纪海上丝绸之路是完整的欧亚非贸易环

---

① 叶兴平. 丝绸之路经济带的范围有多大?［EB/OL］.［2020-10-15］. http://yexingping-blog. blog. sohu. com/300250019. html.

流的子环流系统,相互间保持着密切的内在联系。在"先由海及陆,再由陆及海"的贸易通道的地理格局下,贸易通道的海陆联通就成为联通欧亚陆桥,激活贸易环流功能的关键。从历史经验来看,单纯的"保陆禁海"和"弃陆向海"都违背了贸易环流的自然规律,破坏了贸易环流自发的贸易流通功能,将引发区域发展失衡等一系列严重的问题。因此,"一带一路"发展蓝图中,要始终坚定不移地坚持"海陆并重,陆海相济,以陆通海,以海扩陆"的发展理念,把海陆联通作为保障"一带一路"发展蓝图顺利实现的关键性工作抓手。

第三节　海铁联运是实现海陆联通的有效手段

海陆联通这一交通运输方式是典型的多式联运。多式联运囊括了现有的全部交通运输方式,具体包括海洋运输、内河运输、铁路运输、公路运输、管道运输、航空运输,可以通过集约化使用多种运输方式,集合多种单一运输方式的优势,实现贸易物流的高效流转和配送。综合考虑各种交通运输方式及组合的表现,从性价比、时价比和效价比三个维度来看,海铁联运最具优势。

1. 海陆联通的现有运输模式

从海陆联通的货物流向来看,有"由陆及海"和"由海及陆"两个反向的过程。以"由海及陆"为例,可以将现有的实现海陆联通的多式联运模式分为三种:一是海公联运,即由汽车通过公路系统将海运货物运载配送至目的地;二是海河联运,即由内河船舶通过天然或人工水道将海运货物运载配送至目的地;三是海铁联运,即由火车通过铁路系统将海运货物运载配送至目的地。

2. 多式联运模式的利弊比较

科学、客观地比较海陆联通的各种多式联运模式是非常重要的,其结果决定了道路联通实现互联互通的绩效水平。海公联运模式中,公路运输在灵活性和效率性上具有优势,但是经济性和长程性较差;海河联运模式中,内河运输在经济性和便利性上具有优势,但效率性和灵活性不足,特别是受可通航江河水道地理形制的约束,通常只能在大江大河或人工河道中实现短距离运输;海铁联运的优势是规模性、经济性和长程性,但由于铁路现有的运营体制多为自然垄断,所以缺乏灵活性、便利性和效率性。

3.海铁联运模式的比较优势

亚欧大陆桥的交通纵深都是从太平洋西岸延伸至大西洋东岸,是典型的海—陆—海的交通组合,跨越万里之遥,这对多式联运模式的规模性和长程性提出了很高的要求。在国内学者关于多种交通运输方式的运价与运距的相关性分析中,海公联运、海河联运、海铁联运这三种运输方式的运价与运距均呈现典型的线性关系。以运输1个20英尺(长约6.1米)集装箱为例,运距每增加1公里,海公联运运价增加3.50元,海铁联运运价增加2.03元,海河联运运价增加0.76元。三种联运方式中,海公联运具有速度快、环节少的优点,但运价远远高于海铁联运和海河联运。因此,短途驳运和高附加值、高时效性货物的应急运输宜采用海公联运。经计算,海铁联运与海公联运的运距临界点为210公里;210公里以下,海公联运的运价优势较为明显;210公里以上,海铁联运的运价优势比较明显。[1] 对此,中国凭借轨道交通技术优势和产业实力,必将成为构架亚欧大陆桥最重要的力量。在大陆桥两端的海陆节点上,也必将采用海铁联运这一多式联运模式。

---

①贺向阳.宁波港国际集装箱海铁联运发展倡议定位[J].集装箱化,2010(7):22-25.

第二章

海铁联运发展的
国际经验与借鉴

海铁联运在主要发达国家的港口物流体系中已较为成熟,其中又以欧洲和北美港口发展得最好。根据相关统计数据,在海铁联运发端较早、基础较为雄厚的欧洲和北美,美国的铁路集装箱运输量均经达到全国货运总量的 49%,法国为 40%,英国为 30%,德国为 20%。另外,日本、韩国的海铁联运发展水平在东亚地区处于领先地位,近年来其铁路集装箱运输量均占全国货运总量的 10% 左右。本章将分别分析欧洲、北美和东亚三个区块,针对比利时安特卫普港、荷兰鹿特丹港、德国汉堡港和不来梅港、美国洛杉矶港和巴尔的摩港、加拿大温哥华港、澳大利亚悉尼港、韩国釜山港、日本东京港,从海铁联运基础设施建设、铁路路网空间布局、运输组织体系构建等维度梳理海铁联运发展的国际经验,并提出对中国发展海铁联运的有益借鉴。

第一节 西欧海铁联运发展概况

欧洲西部海岸的海铁联运基础设施和运营业务集中于汉堡港、鹿特丹港和安特卫普港三大港区,处在新亚欧大陆桥的终端,构建了从亚洲东部向欧洲西部集装箱运输铁路路网的完整空间布局。三个港口将整个欧洲地区作为腹地进行货源的集疏运,形成了海铁联运在港口物流体系中的竞争优势。

一、欧盟支持海铁联运发展的概况

欧盟非常重视海铁联运的发展,认为包括海铁联运在内的多式联运是整合既有运输系统、提升运输效率、治理道路拥挤、保障交通安全、节约能源消耗和防止环境恶化的重要手段,因而采取了一系列措施以改善本地区的运输系统,鼓励并促进海铁联运的发展。2001年,在《面向 2010 年的欧盟运输政策:时不我待》中提出构建欧洲一体化多式联运系统;2011 年,在《迈向统一欧洲的运输发展之路:构建更有竞争力、更高能效的运输系统》中提出通过发展海铁联运把更多公路货运转向铁路。其主要政策如下:

(一)对多式联运中转站进行资金补助

例如,德国目前有多式联运中转站 122 个,其中 77 个得到了政府的财政补贴。在联邦政府主导的物流园区规划中,将多式联运中转功能作为必要条件,联邦政府对联运设施设备的资助比例最高可达 85%。

(二)对开展海铁联运的企业给予补贴或税收减免

主要对运输企业从单一公路货运向海铁联运模式转变中的经济损失给予补偿。如新开的铁路联运线路,初期若负债经营,欧盟在评估后可给予经济补偿。

(三)实施铁路自由化的改革政策

在这一政策背景下,铁路联运市场的竞争格局得到了改善。包括船公司、场站经营者、港务局在内的许多经济主体都参与到海铁多式联运业务中来。1991 年,欧盟启动 91/440 号决议,要求各会员国对本国铁路运输行业实行"网运分离",并承诺在 2003 年 3 月 15 日之前,向私有铁路企业开放国际运输业务。在此期间,各会员国都必须开展并完成对本国运输管理体制的改革。

二、安特卫普港海铁联运概况[①]

安特卫普港是比利时最大的海港,拥有良好的海铁联运基础设

[①]本部分数据和资料均来自 2015 年安特卫普港官网:http://www.portofantwerp.com/en.

施条件,在总面积 1.2 万公顷的港区空间中,建造了总里程长达 1061 公里的铁路路网。相比而言,港区内的公路里程为 409 公里,管道里程为 1000 公里,码头岸线为 157 公里。[①] 铁路路网的里程规模凸显出海铁联运在安特卫普港货运格局中的重要地位,也显示出安特卫普港在海铁联运上的巨大战略潜力。2010 年,往来安特卫普港各种运输方式的货物运输量比重分别为:驳船占 37%,公路运输占 47%,管道占 5%,铁路运输占 11%。尽管海铁联运的总量和比重在安特卫普港的货运格局中相对较低,但发展前景却非常好,并且将成为未来安特卫普港拓展市场、延伸腹地、节能减排、提高效率的重要推动方向。

(一)海铁联运路网的空间布局

安特卫普港是欧洲最大的铁路港之一,每年有超过 2.4 亿吨货物通过铁路进行运输。从安特卫普港出发,列车可在 1 日内到达欧洲主要经济中心。每周都有往返于 19 个国家 70 多个目的地的货运列车,如比利时国家铁路公司旗下的 B-Cargo 公司提供 Eurail Cargo,定时提供班列运输服务。这些列车可到达德国南部、意大利、奥地利、瑞士、西班牙和法国南部。

从海铁联运路网的总体空间布局来看,安特卫普港连接着三条欧洲重要铁路走廊,成为多条国际铁路线的终点站。

(1)莱茵—阿尔卑斯走廊,具体路线为:安特卫普—杜伊斯堡—科伦—巴塞尔—热那亚。

(2)北海—地中海走廊,具体路线为:安特卫普—卢森堡—里昂/斯特拉斯堡—巴塞尔。

(3)北海—波罗的海走廊,具体路线为:安特卫普—杜伊斯堡—波兰—立陶宛。

---

①本部分数据和资料均来自 2015 年安特卫普港官网:http://www.portofantwerp.com/en.

随着欧亚经贸合作的发展,从安特卫普港出发,跨越亚欧大陆桥发往俄罗斯、哈萨克斯坦、朝鲜和中国的货运列车正在逐步增加。

(二)港区内铁路路网的空间布局

安特卫普港区内的铁路网线布局特点可以总结为三个:一是大型环路;二是全港贯通;三是多级编组。

所谓大型环路的空间布局,是指安特卫普港港区的路网设计形成了一个环绕包围全港区的大型环路。根据大型环路的空间布局结构,安特卫普港的管理运营方基于全域顶层设计思想,在海铁联运路网基础设施规划上将港区全域放在一个系统范畴内统筹考虑,避免了孤立、割裂式规划对未来海铁联运发展的不利约束。大型环路的设计理念也非常先进,保证了海铁联运在港区内能够环进环出,避免了"缺口经济"①规划思想的消极后果。

所谓全港贯通的空间布局,是指安特卫普港港区的铁路线路覆盖和延伸到港区的各个功能区块。安特卫普港的港区功能齐全,区域划分清晰,包括集装箱码头、煤炭码头、油气码头、化工码头、矿石码头等,海铁联运铁路路网布局到了每个功能区块。功能码头的路网布局有两种形制:在空间有限的功能码头,采取直进直出的布局形制;在空间较大的功能码头,采取环路进出的布局形制。

所谓多级编组的空间布局,是指安特卫普港港区规划建设了规模宏大的编组体系。一级编组是在功能港区内部,进行船货的装卸,二级、三级编组是在功能港区之外设立的编组站,如占地5平方公里

---

① "缺口经济"是指在道路设计上为了节约短期成本而采取在通道上打开缺口的方式,实现道路交通的交叉功能。其缺点是交通运输规模提升到临界水平后,必将造成交通堵塞。与"缺口经济"相对应的是"桥隧经济",是指在道路设计上考虑长期的交通需求和潜在的拥堵事故成本,采取建造桥梁、隧道等基础设施的方式,通过交通迂回环绕的规划设计实现道路交通的交叉功能。"桥隧经济"的规划建设相比"缺口经济"投入大、周期长,但更利于长远发展。

的全自动化铁路货运编组站 Antwerp-North。港区内有多个铁路集装箱中心站,其中,MainHub 站年吞吐能力为 35 万标准箱,并且预留了 65 万标准箱的吞吐能力。每天有 400 多列货车在这里进出,20000多辆车辆在这里集结、解编。安特卫普港多级编组空间布局为海铁联运储备了巨大的潜力。

(三)海铁联运运营的组织机制

在欧盟的领导下,欧洲铁路运输逐步开放,安特卫普港至欧洲各地的铁路运输服务越来越多地由私营铁路运营商提供,如 Hupac、IRP、Conliner、DLC 等公司。通过激烈的竞争,安特卫普港的铁路运输服务质量得到提高,运输价格趋向合理。所有码头通过 1000 多条铁路线与欧洲各地的工业区连接起来。以瑞士的铁路运营商 Hupac为例,安特卫普港货运枢纽是其三大枢纽之一,也是重要的海铁联运铁路货运枢纽。2010 年,Hupac 在安特卫普港设立了专用中转枢纽站 HTA(Hupac Terminal Antwerp),该枢纽占地 5.3 万平方米,建有5 条 620 米转运专用线,配有 3 台门式起重机,每日最大发车数量为 12列。同时,Hupac 还承运其他重要港口的海铁联运业务,如鹿特丹港。

(四)安特卫普港海铁联运的长期发展远景

安特卫普港为了跟上全球货运增长的步伐,在未来的商业发展规划中,积极推进多式联运模式的优化升级,重点是将海铁联运作为未来模式转化的重心,确保实现两个目标:一是承接越来越大的集装箱货轮的装卸压力;二是将安特卫普港的多式联运服务向欧洲大陆的腹地延伸。为此,安特卫普港将海铁联运作为一个重要的推进方向。安特卫普港针对运输模式转型,提出了 2014—2030 年三种货运方式运输规模的比例调整规划。其中海铁联运的总货物规模要从2014 年的 8% 提升到 2030 年的 20%,集装箱运输规模要从 2014 年的 7% 提升到 2030 年的 15%。海河联运规模虽有提升,但增幅远低于海铁联运,海公联运的比重则呈绝对下降。这一规划蓝图充分说明海铁联运在安特卫普港未来发展中的地位将越来越重要(见图 2.1)。

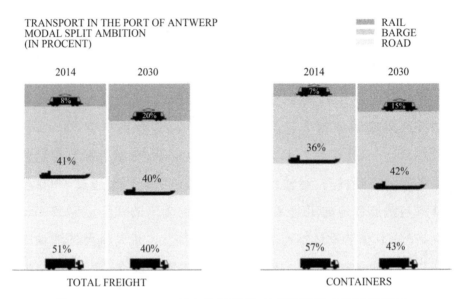

图 2.1 2014—2030 年安特卫普港多式联运模式转型的规划

三、鹿特丹港海铁联运概况[①]

(一)海铁联运基础设施布局

鹿特丹港港区总面积为 12606 公顷,东西走向全长 42 公里,港区水域的最大水深达到 24 米。现有码头总长为 74.5 公里,岸线总长达到 202.3 公里。鹿特丹港的地理形制呈东西走向,是一条狭长且深入内陆的水道。因此,鹿特丹港的港区铁路路网布局也是依照港区地理形制来进行设计的。总体来看,鹿特丹港港区内的铁路路网呈现大

---

①本部分数据和资料均来自 2016 年鹿特丹港官网:https://www.portofrotterdam.com.

U 字形格局。由于主要的港口泊位位于南岸,因此,铁路线路和主要的编组站都设在南岸港区,北岸港区的线路设施较为单一。鹿特丹港港区呈狭长形制,所以相较于安特卫普港,鹿特丹港没有在港区内设立大型的编组站,而是将北岸线路的编组站和大型编组站建设在距离港区较远的内陆。同时,为了节约里程,连接南北岸线路,港区专门建设了地下隧道,避开了水面和地面交通,提高了线路运行的效率和安全性。

(二)海铁联运的经济腹地

基于铁路运输全天候运营、受天气因素影响较小的特性,鹿特丹港致力于发展铁路运输。鹿特丹港铁路服务中心(RSC)负责港内的海铁联运班列和联合运输的管理和协同工作。环绕全港的铁路路网设施延伸至港区的作业码头。港区内有两个中转站,集装箱通过完善的铁路运输网从鹿特丹港运达欧洲各主要国家。在"铁路至上"的发展思路主导下,港口内集装箱码头实现了铁路设施全覆盖,同时用 160 公里长的 Betuwe 专用货运铁路线将德国路网与鹿特丹港直接贯通。每天都有多列集装箱班列发往欧洲各地,由于距离的差异,运输时长有较大不同:鹿特丹—比利时和鹿特丹—德国只需 12 小时,而鹿特丹—捷克、鹿特丹—意大利和鹿特丹—波兰则需要 48 小时。鹿特丹港的集装箱海铁联运比例为 7%~8%。

(三)海铁联运运营组织机制创新

鹿特丹港海铁联运在基础设施布局和建设上与前述港口的规划思想和管理理念基本相同,此处及之后的港口就不再赘述。基于鹿特丹港海铁联运的发展实践,主要介绍其运营组织机制的创新模式。鹿特丹港海铁联运运营组织机制创新模式可以称为"铁路孵化器"模式。这种海铁联运运营组织机制创新源自市场需求的不断扩张和港口成长动力的不断增强。当前,鹿特丹港每周始发和终到的班列约为250列。从经鹿特丹港转运的集装箱业务的预期增长来看,预期增长进一步提升不仅具有可行性,而且具有确定性。在此背景下,鹿特丹港港务局提出了建设"铁路孵化器",以支持运营商建立新的铁路路网联结的发展目标。

"铁路孵化器"允许鹿特丹港港务局绕过体制机制障碍,去创建铁路路网的新联结。实现这一目标有多种选择,或合作或支持。比如,鹿特丹港港务局愿意以合资方式建设新的铁路路网联结设施,或者允许运营商增加已开设班列的运输频次以加强双方的合作关系。同时,鹿特丹港港务局也有意愿培育潜在的合作伙伴,并且鼓励区域代理发挥更加重要的作用。市场营销支持也是"铁路孵化器"孵化新的路网联结的重要促成因素。

目前"铁路孵化器"的工作重点是将鹿特丹港的铁路联运拓展到欧洲腹地,深入南德地区和中东欧地区。经过铁路孵化器的孵化,货运服务的质量得到了终端用户的肯定。这些货运服务有两年的孵化期来验证它们的盈利能力。在孵化期,货运费率和运输耗的竞争力将进一步提升,合作运营商的服务将会被不断完善和提升。

"铁路孵化器"项目支持下成功的范例有在鹿特丹与纽伦堡/慕尼黑之间运营班列的两家运营商 European Gateway Services(EGS) 和 TXLogistics。

四、汉堡港海铁联运概况[①]

汉堡港作为欧洲第二大集装箱港口,是世界上最大的自由港,也是德国北部最重要的铁路枢纽之一。作为传统的铁路港口,汉堡港的海铁联运业务发端于铁路时代。汉堡港基本依靠铁路进行货物的

---

①本部分数据和资料均来自 2015 年汉堡港官网:https://www.hafen-hamburg.de.

长距离运输,是欧洲最大的铁路集装箱转运中心。目前,汉堡港为所有的终端站和工业企业提供港口铁路的接入服务。铁路分布在汉堡港的所有码头,在进出汉堡港的长距离运输竞争中,铁路占据超过70%的市场份额。汉堡港内的铁路路网系统属于汉堡港港务局(HPA),并由港务局来负责运营。目前,汉堡港内的路网系统包括300公里的线路,共联结850个节点。另外还有160公里的路网线路位于由工业企业、货运企业和物流企业所拥有的130个岔线网络。从港区总体的铁路路网和编组站形制来看,汉堡港构筑了一个庞大的环港铁路路网系统,不仅在港区内配置了大型编组站,港区外南北两个方向也都建设了大型编组站。

汉堡港的铁路系统以4400万吨总货运量、220万标准箱的规模位居欧洲港口之首。2014年,汉堡港与欧洲腹地间的多式联运服务运送了约1.04亿吨的货物,其中海铁联运占43%,海河联运占11%,海公联运占46%。2015年,在全年约1亿吨的货运量中,海铁联运的比重首次超过卡车运输,达到45%,海公联运则降至43%,这是汉堡港历史上海铁联运首次超过海公联运。可见,在汉堡港集装箱集疏运方式的竞争中,铁路所占份额呈增长趋势。

汉堡港目前至少是20%的国家铁路货运交通的始发站或终点站,每个工作日有200列左右的运送散货、集装箱和其他货物的货运列车到港或离港,每天进出港口的国际国内集装箱班列有160列左右。超大规模的物流流转、调配和组合需求,需要高端化、专业化和精细化的信息系统作支撑。汉堡港在开展海铁联运业务的过程中,高度重视海铁联运信息系统的建设和技术应用,通过加强信息系统建设提升海铁联运的运营效率。海铁联运信息系统通过EDI中心,连接码头、货代、港口、铁路、海关等200多家用户,通过拨号线、专线及分组网等80多条通信线路,传输与海运行业有关的各种资讯,处理与海运有关的200多种格式的电子单证。该系统提高了多种运输方式之间的协作性,使货主可以更直观、便捷地对比不同运输方式的优劣从而选择最佳运输方案,海铁联运的竞争力得到提升。

五、不来梅组合港海铁联运概况[①]

不来梅组合港是由同属于德国不来梅州的不来梅港(Port of Bremen)和不来梅哈芬港(Port of Bremer Haven)共同组成的,一般又称这两港为不来梅内港和不来梅哈芬港。两个港口之间相距约60公里,由设在不来梅哈芬市的不来梅港务局进行统一规划和管理。不来梅哈芬港,是欧洲第一大汽车港和第四大集装箱港,吞吐能力为700万—800万标准箱。不来梅组合港整体拥有发达的港区铁路,主要港区与客货两用的枢纽站不来梅总火车站相连,可通往德国乃至欧洲各目的地;3条贯穿德国三大港口汉堡港、不来梅哈芬港和威廉港的高速公路A1、A27和A28在不来梅市周边交汇。这一区位优势使不来梅市成为德国北部沿海地区极具区位优势的货物集散中心;不来梅机场与港口仅数公里之遥,周边聚集着以空中客车为主的航空航天制造与配套产业群。便利的海陆空立体交通网络使不来梅市深受工商业和物流企业的青睐,一些来自德国的国际性物流企业如BLG物流集团、欧门集团(Eurogate)、蓝旗国际货代(Karl Gross)的总部都位于不来梅市。

不来梅哈芬港作为姐妹港中的主体港,在欧洲西海岸的港口群中属典型的功能特色港。作为综合大港,在港区的空间布局上一般都会有煤炭、矿石、油气、件杂、集装箱、汽车等功能码头的分区,但不来梅港没有与三大枢纽港竞争的地理地缘区位优势,因此,在竞争上采取了突出功能特色的策略。从整体的空间布局和功能分布可以看

[①]本部分数据和资料均来自2016年不来梅港官网:https://www.hafen-hamburg.de.

出，不来梅哈芬港主要承运汽车等高货值的货品，通过打造专业化的海铁联运服务能力提升港口的综合竞争力。而传统的煤炭、矿石、油气、件杂等货运功能都配置在姐妹港不来梅港内港。这种空间布局和功能分布，既是由于现代汽车滚装货轮的吨位日益大型化，也是因为不来梅港内港是内河港，缺乏通航条件。尽管如此，不来梅港内港也配备有完善的环港铁路路网和大型的列车编组场站，其海铁联运的运营效率也保持在较高水平。

六、欧洲铁路运输企业海铁联运概况

欧盟非常重视海铁联运的发展，采取了一系列措施来改善本地区的运输系统，鼓励并促进组合运输的发展。其中，特别重要的措施是施行了铁路自由化改革的放松管制政策。1991 年，欧盟启动了 91/440 号决议，要求各会员国对本国铁路运输行业实行"网运分离"，并承诺在 2003 年 3 月 15 日之前，向私有铁路企业开放国际运输业务。在此期间，各会员国都必须开展并完成对本国运输管理体制的改革。在这一政策背景下，包括船公司、场站经营者、港务局在内的多元化经济主体都积极参与到了海铁联运业务中来。

在欧盟地区，参与海铁联运多式运输业务的主要有 ICF、欧洲公铁联运企业国际联合会（UIRR）的各会员企业、各会员国的集装箱公司以及包括 Eurogate、HHLA、ERS 等公司在内的市场新进者。其中，ICF 是一家由欧洲各铁路公司组成的组织，其在欧洲境内的多式联运网络幅员最广，主要客户是船公司、货代企业及大型货主企业。UIRR 是一个自治协会，其"会员家族"在运量方面可谓欧洲最大的多式联运经营者。对货代及拖运业者而言，UIRR 的会员企业是多式联运服务的批发商，它们和铁路公司通过签订双边协议的方式确定运价和运输计划。各会员国的集装箱公司主要负责交换箱、内陆箱等国内集装箱的铁路运输,它们通常是铁路运输企业或是其下属单位,比如德国的 Transfracht 铁路公司、法国的 CNC 铁路公司和英国的 Freighliner 铁路公司。欧洲铁路自由化进程的推进和海铁联运市场的开放,包括集装箱班轮公司、港口企业、大型货主企业在内的市场新进者开始经营海铁联运业务。其中集装箱班轮公司经营海铁联运业务的动机是更好地控制从港口至内陆腹地这段陆上运输过程,并在实现业务多样化的同时弥补其在海运方面的短板,比如 ERS 公司在鹿特丹港与比利时、捷克、德国、意大利及波兰的腹地之间开行往返列车。而港口企业则是为了通过铁路对港口集疏运效率的改善来吸引更多的集装箱业务,比如 Eurogate、PAH 分别在汉堡港、勒阿弗尔港开行了通往内陆的铁路集装箱短程穿梭列车。

(一)ERS 公司

ERS 公司是一家由马士基和铁行渣华公司合资组建的铁路公司,在鹿特丹港与比利时、捷克、德国、意大利和波兰等地之间共运营25 条线路,每周开行约 250 列往返列车。在铁路运输服务方面,ERS 公司主要采取市场契约的形式委托专业铁路承运商完成运营业务。比如,在德国,其委托德铁公司负责具体的铁路运输业务;在东欧地区,选择 Metrans、Polzug 或其他铁路公司承接铁路运输业务。ERS 铁路公司在改善海铁联运服务品质方面具有很强的主动性,在开行集装箱班列初期,其曾与一家铁路公司进行合作,由该公司为其提供自鹿特丹港到 Germersheim 的班列牵引服务,但由于该公司服务绩效较差而改由自己运营。

(二)Eurogate 公司

Eurogate 公司是欧洲海铁联运业务的参与者,在进入海铁联运业务领域前主要经营货物场站业务,是一家在汉堡和不来梅经营港口装卸及相关物流业务的私营企业,占有两地港口约三分之一的市场份额。其提供的铁路联运服务被称为"集装箱快运",由其旗下的Eurogate Intermodal 公司负责经营。该公司在汉堡港和不来梅港与慕尼黑、斯图加特、纽伦堡及奥格斯堡之间每天开行一两班短程穿梭列车,并同 HHLA 公司在东欧部分国家的铁路集装箱运输服务相衔接,将德国汉堡港和不来梅港两大港口同其内陆腹地紧密地联系起来。

为了开展海铁联运的集装箱运输服务,Eurogate Intermodal 公司需要向德铁网络公司(DBNetz)购买列车运营时刻,并分别向西门子 Dispolok 公司等机车制造商和租赁商租赁机车、货车和员工等运营资源。其在德国还有许多长期合作的卡车公司,它们负责两端的取送作业。

在场站处理方面,港口内部的作业由 Eurogate 公司自己负责,而内陆联运场站的作业则交由其他合作企业。Eurogate 公司虽将铁路运输服务整合入企业内部,成为集港口装卸和铁路集装箱运输于一体的综合性企业,但在海铁联运服务的营销方面还是采用了较为灵活的策略以寻求更多的市场机会。

第二节　北美海铁联运发展概况

北美海铁联运主要集中在美国。美国东西海岸港口拥有广阔的内陆腹地,地区经济发展相对均衡,有利于发展集装箱海铁联运。美国集装箱海铁联运主要发生在东西海岸港口之间。

一、美国政府支持海铁联运发展的概况

美国海铁联运产业体系的顶层设计主导者是美国联邦政府。受政治体制的影响,美国联邦政府难以通过具体的产业政策和财税政

策直接对产业和市场进行干预,具体主要通过立法来实现。

在美国运输业管制时期,联邦政府对跨运输方式的企业并购的管制政策是由一系列法律中的若干条规定组成的,这些法律包括《州际商务法》(1887年)、《巴拿马运河法》(1912年)、《汽车承运人法》(1935年)、《民用航空法》(1938年)、《货运代理商法》(1942年)。其中《1912年巴拿马运河法》中明确规定禁止铁路企业与驳船运输企业之间的合并,并将运输全程中铁路与水运企业的联运视为非法,禁止它们制定联合运价。

从20世纪80年代起,为消除或部分消除海铁联运的操作限制,满足运输市场对"一站式"运输服务的客观需求,美国联邦政府通过了一系列鼓励发展多式联运的法案。如为消除公路运输中的各种操作限制,制定了《机动车辆运输承运人法案》;为部分解除公路铁路联运业中的管制,制定了《交错运输法案》;为消除班轮公司与其他运输企业合作中的障碍,削弱班轮公会的垄断地位,美国联邦政府先后于1984年和1988年制定出台《航运法案》和《航运改革法案》;为推动多式联运的快速发展,1991年初出台了著名的《陆上联运效率法案》。

在上述一系列提升多式联运运输效率的法案中,尤以《陆上联运效率法案》最为典型,反映了美国联邦政府开始高度重视以海铁联运为核心的多式联运物流体系对美国经济和竞争力的重要性,为美国海铁联运的快速发展和地位提升奠定了坚实的制度基础。

二、洛杉矶—长滩港海铁联运概况[①]

(一)海铁联运路网总体布局

洛杉矶—长滩港是美国第二大货运港、第一大集装箱港,是三条

---

①本部分资料与数据均来自2015年洛杉矶港官网:https://www.portoflosangeles.org.

横贯美国大陆的干线铁路的起点,并通过南北向铁路与太平洋沿岸各大城市相连,铁路线直通洛杉矶港区内的主要集装箱码头。

洛杉矶—长滩港的入港铁路路网系统庞大而复杂,但总体的布局仍然显现出环绕港区的圈环结构,同时入港铁路的布局也基本遵循环进环出的布局结构,同时,创造性地将通港路桥建设成大型列车编组站。洛杉矶—长滩港采用双层集装箱列车进行运输,大大提高了铁路系统的集疏运能力。为了最大限度地发挥双层集装箱列车的效率,洛杉矶港建设了1个邻近码头的集装箱多式联运站和4个码头集装箱装卸区,采用专门的铁路集装箱列车来疏港,码头泊位旁边即为铁路装卸线,岸桥既可以把集装箱卸到专门的铁路集装箱列车上,也可以卸到堆场搬运车辆上。

(二)海铁联运专用通道建设

洛杉矶—长滩港海铁联运发展过程中有一个著名的工程案例,即阿拉米达通道工程。这一工程堪称实现"港城协同"和"提速增效"一石二鸟的典范性工程。

"港城协同"表现在两个方面:一是对城市空间的保护。城市空间结构没有因为大型通道工程建设而遭到破坏,主要通过桥梁隧道建设将海铁联运专线连接至货运枢纽和国家铁路网;二是通道工程建设采用了PPP模式,投资24亿美元,产权所有人是阿拉米达走廊运输管理局,而路网使用权则由BNSF铁路公司和联合太平洋铁路公司共享。

"提速增效"表现为通道中核心的一段地下三线铁道,长10英里(约16公里),地下深33英尺(约10米),宽50英尺(约15米),可通过时速达90英里(145公里)的火车,解决了之前超长慢速货运列车通过造成的路面卡车长龙问题。同时,由于隧道深度大,也解决了重载列车噪声过大的问题。

(三)海铁联运管理信息系统

洛杉矶—长滩港海铁联运交通网络经过缜密的规划设计和并线后,建成阿拉米达通道。洛杉矶—长滩港的中央交通控制系统(CTC)由 Pacific Harbor Lines 运营,负责管理所有列车的调度工作,实时监控进出港列车的功能转化,并保障港区铁路运输系统的高效和安全。中央交通控制系统连接全港区所有码头路网和超过400处专用设施。

(四)海铁联运发展潜力

洛杉矶—长滩港投资24亿美元,采用PPP模式,于2002年4月建成阿拉米达通道,将港区与多式联运站及国家铁路网连接起来。长达16公里的铁路线从地下穿越市区,减少了200个交叉点,减轻了公路拥堵,减少了卡车和列车停留造成的废气排放,使铁路运输时间从数小时缩短至40分钟。集装箱在港区卸下后,通过铁路5天即可到达纽约。港区采用双层集装箱列车以提高运输效率,班列使用4辆机车,每列可装载300标准箱。港区2003年集装箱海铁联运运量达到172万标准箱,占港口集装箱吞吐量的24%,见表2.1。

表 2.1　1980—2015 年洛杉矶—长滩港集装箱运量

(单位:百万标准箱)

年份	运量	年份	运量	年份	运量	年份	运量
1980	0.6	1989	2.1	1998	3.4	2007	8.4
1981	0.5	1990	2.1	1999	3.8	2008	7.8
1982	0.6	1991	2.0	2000	4.9	2009	6.7
1983	0.7	1992	2.3	2001	5.2	2010	7.8
1984	0.9	1993	2.3	2002	6.1	2011	7.9
1985	1.1	1994	2.5	2003	7.1	2012	8.1

续表

年份	运量	年份	运量	年份	运量	年份	运量
1986	1.3	1995	2.5	2004	7.3	2013	7.9
1987	1.6	1996	2.7	2005	7.5	2014	8.3
1988	1.7	1997	2.9	2006	8.5	2015	8.2

三、纽约—新泽西港海铁联运概况[①]

纽约—新泽西港是美国第一大货运港、第三大集装箱港。根据纽约—新泽西港公布的数据,该港在 2014 年共处理集装箱货物 334 万标准箱,同比增长 5.4%,这一增长率打破了此前的最高纪录(2012 年的 4.1%)。此纪录让纽约—新泽西港保持住了美国东海岸最繁忙港口的地位,其集装箱运量约占东海岸全部集装箱运量的 30%。从纽约—新泽西港出发的海铁联运列车可以向美国腹地延伸 2000 公里,向北可以辐射到加拿大。

纽约—新泽西港有 12 个铁路车站,这些车站由诺福克南方铁路公司(NS)、切西滨海铁路公司(CSX)和加拿大太平洋铁路公司(CP)经营,用于装卸集装箱、汽车和其他货物,向美国东部和加拿大重要市场提供运输服务(见图 2.2)。主要的集装箱码头使用由港口提供的完善的码头铁路网络 Express Rail System。

---

①本部分资料与数据均来自 2015 年纽约—新泽西港官网:http://www.panynj.gov/port/pdf/CPP_4_PID_Rail_Group.pdf.

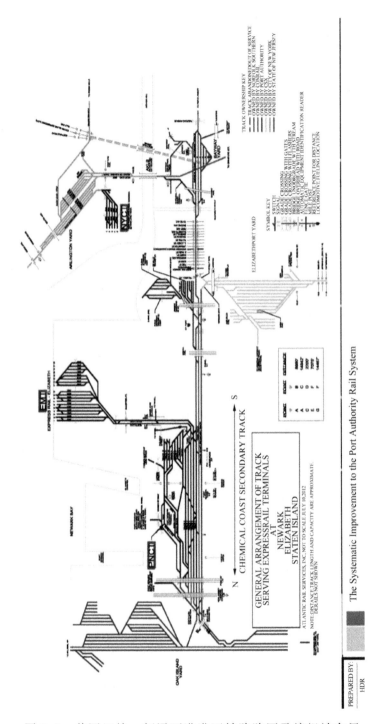

图 2.2　美国纽约—新泽西港港区铁路路网及编组站布局

受铁路基础设施和运输能力的限制,作为美国东海岸最大的集装箱港口,纽约—新泽西港目前的铁路集疏运比例仅为10%左右。为促进集装箱海铁联运业务的发展,降低高速公路卡车运输的占比,缓解当地高速公路的压力,从2003年起,港口当局制订了一系列发展计划以改善铁路集疏运状况,争取实现铁路集疏运比例增加到25%的发展目标。但是,从规划实施的情况来看,离这一目标的实现还有一定的距离。2005—2014年,纽约—新泽西港的集装箱货运量仅从338.5万标准箱增长到637.1万标准箱,而同期的港口海铁联运集装箱货运量从30.3万标准箱增长到52.2万标准箱,比重始终徘徊在10%以下,见表2.2。

表2.2　2005—2014年纽约—新泽西港集装箱货运量比较

年份	集装箱总量/万标准箱	铁路运输箱量/万标准箱	铁路占比/%
2005	338.5	30.3	8.95
2006	365.1	33.9	9.28
2007	409.7	35.8	8.74
2008	416.5	37.8	9.07
2009	363.8	30.8	8.47
2010	409.7	37.7	9.20
2011	430.5	42.3	9.83
2012	553.0	43.3	7.84
2013	546.7	42.6	7.79
2014	577.2	46.5	8.06
2015	637.2	52.2	8.20

四、巴尔的摩港海铁联运概况

巴尔的摩港在美国港口中属于中等规模,在全美36个港口中排名第11位,但其海铁联运基础设施布局和建设具有鲜明的特点和一定的代表性。从布局上来看,尽管有深水航道满足通航条件,但作为内河港,巴尔的摩港的港区空间可拓展程度有限。但是,巴尔的摩港的海铁联运基础设施布局和建设却实现了全覆盖。并且在形制上形成了环绕全港区的通港环路。巴尔的摩港北部港区在油气码头和城区融为一体的格局下,仍然兴建了大型的圈环形入港铁路,大大提高了疏港货运的效率。其煤炭码头也采取环形路网布局和列车编组场站并行的方式,提高了煤炭货运的效率。散杂货码头和汽车码头都有连接环港路网的入港线路,布局上都采取了多线路编组的布局形式,可以同时停靠多列列车,完成作业后可以环绕出港。

巴尔的摩港的海铁联运业务由切西滨海铁路公司(CSX)和诺福克南方铁路公司(NS)两家一级铁路公司运营。其中切西滨海铁路公司经营一个海铁联运转运设施,诺福克南方铁路公司经营一处海铁联运场站。

巴尔的摩港的汽车海铁联运业务具有很强的竞争优势。在汽车滚装码头运营和汽车海铁联运业务方面,切西滨海铁路公司和诺福克南方铁路公司在的运营绩效和服务质量在国际市场上有很好的口碑,这为巴尔的摩港吸引了很多汽车制造商成为其合作伙伴。比如德国梅赛德斯-奔驰就选择巴尔的摩港作为其最大的进口港。

作为一个多元化的港口,巴尔的摩港每年还通过海铁联运集疏运数百万吨的散货产品,诸如煤炭、铁矿石和液体产品。巴尔的摩港的一级铁路运营商通过货运专线将散货产品输送至各货运目的地。

巴尔的摩港虽然是历史老港,货运规模不大,但其海铁联运基础设施布局和建设的层次却很高,体现出较高水平的规划能力。课题组通过资料分析研究,认为这主要是由巴尔的摩港的区位特点决定的。巴尔的摩港距离华盛顿60英里(约96.6公里),历史上曾具备重要的经济、政治和军事地缘。所以,巴尔的摩港虽然在货运功能上受河口港的限制,但地理地缘上的功能却优势明显,时至今日,依然是美国重要的军港,港口内停泊着大量的军用船只。所以,巴尔的摩港铁路基础设施布局之所以系统且完善,也有国防安全方面的考量。

五、温哥华港海铁联运概况

温哥华港①是加拿大最繁忙的枢纽港,也是北美航线上的第三大港口。通过大太平洋铁路、跨越加拿大的 BCR 大铁路和伯灵顿北部大铁路等铁路,列车可直接从温哥华港口码头将货物运至加拿大和美国的内陆腹地。温哥华港口旁边有国际机场,是一个非常典型的海、河、公、铁、空一体化交通枢纽港。

温哥华港是一个典型的河口型港口,港口的整体形制按照河岸南北走向来布局和建设。在具体的功能分区上,北岸港区设置有煤炭、矿石、油气码头,都有专用的铁路路网入港。煤炭、矿石专用码头的铁路线路设计都是大型的环路,便于货运列车的环进环出和高效率装卸作业。在煤炭、矿石码头布局有大型编组场站,便于货运列车的调车和编组。油气码头的铁路也是以环绕布局入港。南岸港区主要布局有集装箱码头,铁路路网沿河岸布局,单向直线入港,在沿河岸的路网中还布局了编组场站。北岸港区和南岸港区的路网通过跨河铁路桥连接成一个环港环路。全港铁路路网沿弗雷泽河南北两岸延展,总长度达 680 公里。

为温哥华港服务的一级铁路运营商有三家,分别是加拿大国家铁路公司(CN)、加拿大太平洋铁路公司(CP)和伯灵顿北圣达菲铁路公司(BNSF)。除了大型铁路公司为温哥华港提供海铁联运服务外,还有本地铁路服务公司英属哥伦比亚南方铁路公司(SRY)为英属哥伦比亚低地地区和弗拉塞谷地提供货运服务。

温哥华港会从供应链管理的视角对海铁联运服务商的供应链运营绩效进行评价,并且给出绩效评价报告,使得四家海铁联运服务商的运营绩效可以显性地展示出来(见图 2.3)。

---

① 温哥华港虽然不是美国港口,但由于美国 BNSF 等铁路运营商承接了温哥华港海铁联运的业务,故本书也将其作为一个典型的海铁联运港口进行介绍。

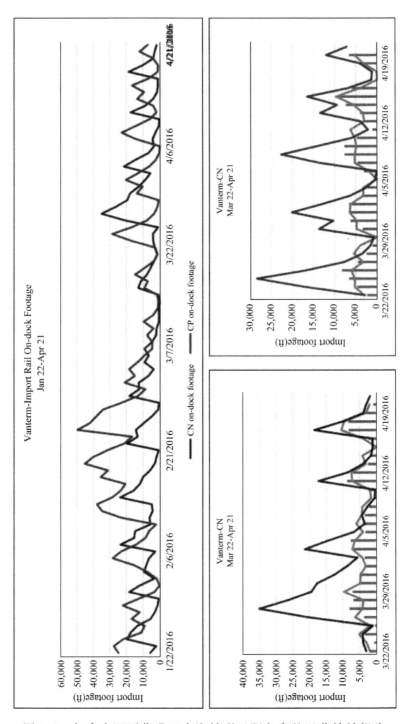

图 2.3　加拿大温哥华港四家海铁联运服务商的运营绩效报告

六、美国铁路运输企业海铁联运概况

美国海铁联运多式运输发展迅速，这与铁路企业的积极参与密切相关，其铁路行业在开展海铁联运业务上的成功可以作为世界各国铁路行业的表率。

在铁路多式联运链条上，分布着铁路公司、船公司、卡车运输企业、场站运营企业、货代企业、货主企业、第三方物流企业等经济主体。在美国，现有 7 家一级铁路公司经营多式联运业务，其中 5 家为美国本土企业，分别是位于美国西部的北伯灵顿圣塔菲铁路公司（BNSF）和联合太平洋铁路公司（UP），位于东部的诺福克南方铁路公司（NS）和切西滨海铁路公司（CSX），以及位于中西部的堪萨斯城铁路公司（KCS）；其余 2 家为加拿大公司，即加拿大国家铁路公司（CN）和加拿大太平洋铁路公司（CP），它们在美国境内拥有少部分自己的铁路网。

下面以北伯灵顿圣塔菲铁路公司（BNSF）和切西滨海铁路公司（CSX）为例来介绍美国铁路公司参与海铁联运的实践概况。

（一）北伯灵顿圣塔菲铁路公司（BNSF）

BNSF 铁路公司运营着北美洲最大的铁路，拥有 5.2 万公里的运营网络，覆盖美国 28 个州和加拿大的 2 个省。BNSF 铁路公司每年运送超过 500 万个集装箱和拖车，是公认的世界上最大的铁路多式联运承运公司。BNSF 铁路公司作为美国西海岸重要的参与海铁联运的铁路公司，与西海岸主要的海铁联运大港，如洛杉矶港、西雅图港、波特兰港、温哥华港等一样，都布局了大型的海铁联运中转站。

（二）切西滨海铁路公司（CSX）

CSX 铁路公司是美国东部主要的铁路路网经营者，为美国 23 个州和哥伦比亚、加拿大地区22700个铁路线网络提供铁路运输服务和分配服务。其旗下有2家公司专门负责海铁联运：CSX联运公司(CSX Intermodal)专门提供可靠的运输服务和通向北美洲的专用联运设备操作网络，每周有300多辆专用列车在其33个站点接受服务；CSX运输线(CSX Lines)提供国内的远洋定期客轮服务，以及通过6条连接阿拉斯加、关岛、夏威夷、波多黎各的服务线路为16万个有美国标识的容器箱和2.7万个集装箱提供服务。

在美国，国际多式联运业务的链条通常由远洋运输企业组织和控制，不过这些远洋运输企业多半不是美国的本土企业，在海运业的不断并购中，许多美国的船公司都归入海外船公司旗下，而国内多式联运链条的组织则主要由多式联运营销企业(IMCs)负责，如Pacer International、Hub、Alliance Shipper等公司，它们将多式联运服务直销给客户并代表铁路向货主提供服务，铁路运输企业主要作为次级承包商，专注于提升铁路运输效率和服务水平。

参与海铁联运业务的铁路运输企业除了大型铁路公司外，还有数量众多的提供专业化和个性化服务的中小型海铁联运承运商，它们一般没有自己的路网和专用的运输设备，但可以向大型铁路公司购买路网使用权，向运输设备企业租赁机车和货用列车，从而为海铁联运的需求方提供海铁联运服务。可以说，美国海铁联运领域的铁路企业构成了一个市场化、多元化、层次化的企业生态系统，各种海铁联运需求都可以在这个企业生态系统中得到满足。

美国海铁联运的成功有诸多原因，其中铁路公司组织形式多元化是不可忽视的重要因素。美国铁路企业参与海铁联运多式联运的成功经验表明，组织机制创新对海铁联运的发展具有重大的推动作用。通过组织机制创新，可以打破传统自然垄断带来的诸多阻碍，快速提升海铁联运体系中铁路运输的专业能力，满足个性化物流服务需求，实现既有铁路路网上运输的密度经济和规模经济，把运输成本降到最低,提升铁路对海铁联运的吸引力。同时,美国政府也在积极推动海铁联运发展,重视并促进海铁联运中经营主体的市场化发展,这种做法值得我们学习借鉴。

第三节 东亚海铁联运发展概况

东亚地区的海铁联运还处于起步阶段,相较于欧美地区而言基础相对薄弱。本书选择东亚地区日韩两国的主要港口为研究对象,对这些港口的海铁联运发展状况进行了梳理。

一、东京港海铁联运概况[①]

东京港与南部的姐妹港横滨港合称为东京—横滨港。尽管日本国土形制局促,地理纵深有限,但日本政府和港口企业在港口发展中仍然给海铁联运提供了一定的发展空间。从东京—横滨港的海铁联运基础设施布局可以看出,其建设基于全局均衡的规划思想。

从海铁联运基础设施布局的形制来看,东京—横滨港采取了大跨度的沿海铁路路网来联结两大港区和港区内的功能码头。并且在横滨港区的煤炭、油气码头内外与东京港区的集装箱码头外都布局了大型的列车编组场站。

从海铁联运发展的功能匹配来看,东京港和横滨港有明确的分工。煤炭、矿石、油气、件杂功能码头都布局在横滨港,东京港区则主要承担集装箱海铁联运的运输功能。功能分区从全局均衡的角度来看,有利于区域间的协同发展,可以大大减轻东京港所在东京都经济圈的环境压力。

---

① 本部分资料和数据均来自 2015 年东京港官网:https://www.kouwan.metro.tokyo.lg.jp.

二、釜山港海铁联运概况①

韩国釜山港是韩国第一大港,也是全球重要的集装箱中转运输港。目前,釜山港在北港港区和新港港区都布局和建设了规模较大的海铁联运基础设施,包括入港铁路路网和列车编组场站。

随着韩国集装箱运输量的增加,KORAILLOGIS 于 2004 年效仿欧洲铁路物流系统在京釜线引进了"顾客定制型直达包列",即铁路集装箱班列。2006 年,KORAILLOGIS 向民企开放了铁路集装箱班列的运营权,在义王(五峰站)—釜山镇、龟尾(若木站)—釜山镇区段运营 6 列火车。通过种种努力,2006 年集装箱货运量突破 100 万标准箱,铁路运输量也日益增多。通过引进铁路集装箱班列,固定的货运量及营运效率得到了提升,构建了铁道公社和客户之间的双赢体制。借助这种稳定的货运服务,货主对铁路集装箱班列的满意度也日渐提升,铁路集装箱班列的运输需求日益增加,对铁路物流的拥护度也大大提高,被评为成功的商务模式。截至 2009 年,铁道公社的列车数量增加到 18 列,铁路集装箱班列的集装箱运输量占到铁道公社总集装箱运输量的 30% 左右,占到釜山港集装箱货运总量的 8.3%,具体参见表 2.3。釜山港海铁联运发展速度较快,同时也面临着发展的瓶颈。从 2009 年受经济危机影响集装箱货运量大幅下降后,2010—2014 年,釜山港海铁联运集装箱货运量从 55 万标准箱恢复性增长到 79 万标准箱。

造成发展瓶颈的原因可以总结为三点:一是韩国国土面积不大,公路网发达,制造企业仍以公路运输为内陆运输的主要手段。二是一直以来,政府和企业普遍对在韩国推动海铁联运存在顾虑,政府的

①本部分资料和数据均来自 2015 年釜山港官网:http://www. busanpa. com/eng/Board. do? mode=view&idx=15987&mCode=MN0043.

扶持政策多侧重于公路运输,导致尽管 2006 年韩国海铁联运出现了一个发展的小高潮,随后又开始回落,铁路运输逐渐不受重视。三是现行海铁联运的运营体制机制与市场需求之间还存在较大的差距。择其要点,行业准入和投融资体制僵化,铁路投资不足导致线路容量及铁路基础设施不完善、运输体系效率不高;行业监管体制以运营者为主,缺乏面向顾客的服务概念。僵化的体制机制成为阻碍釜山港海铁联运实现进一步发展的最大制约因素。

表 2.3 2009—2014 年釜山港各类集装箱运输方式运量统计

年份	合计		公路			铁路			船舶		
	运量(万标准箱)	增幅(%)	运量(万标准箱)	比重(%)	增幅(%)	运量(万标准箱)	比重(%)	增幅(%)	运量(万标准箱)	比重(%)	增幅(%)
2009	661	−13.6	602	94.1	−11.3	55	8.3	−35.7	4	0.6	457.1
2010	792	19.8	719	90.9	19.5	64	8.1	16.9	8	1.0	110.3
2011	883	11.5	790	89.4	9.85	81	9.2	21.4	12	1.4	51.2
2012	890	0.8	795	89.9	0.6	86	9.1	6.1	9	1.0	−27.1
2013	894	0.4	809	90.5	1.8	85	9.5	−1.9	0.4	0	−95.6
2014	925	3.6	847	91.5	4.7	79	8.5	7	—	—	—

从日韩两国的海铁联运实践可以看出,即便是国土狭窄、地理纵深有限的国家,也可以通过发展海铁联运,大幅度提升本国港口集疏运体系的效率。

第四节 全球海铁联运发展的经验借鉴

一、由国家主导和推动海铁联运发展的顶层制度设计

从海铁联运发展实践来看,由国家甚至更高层级的机构来进行

顶层设计至关重要。欧美国家发展海铁联运,不仅是所在国家运输政策的重要组成部分,更是从"提高国家经济发展效率"的高度做出的重大选择。通常由国家层面谋篇布局,做好制度创新、产业发展、体制协同和利益平衡等顶层规划设计。美国和欧盟是从国家、超国家的视角推动海铁联运发展的典范,其海铁联运的顶层制度设计,可以总结为"国家规划,地方落实,市场主导,政策扶持,企业运营,互利多赢"。

二、海铁联运基建按照聚焦重点、分类发展的路径

推进入港铁路路网基础设施布局和建设是发展海铁联运的重要前提。但是,为了争夺海铁联运基础设施布局和建设的先发优势,港口之间的同质竞争势必非常激烈。因此,为了防止低水平同质竞争浪费有限的资源,国家层面的适度干预和引导是非常必要的。从欧美发展海铁联运的实践来看,有些港口的海铁联运基础设施布局和建设体现了聚焦重点的路径特点,有些港口的布局和建设则体现了分类发展的路径特点。这既有市场机制发挥的作用,也是国家层面宏观调控的结果。对有限的海铁联运资源实施高度的聚焦,整合集成在最关键的枢纽港口,可以有效地提高海铁联运系统的运作效率。

三、以大交通管理模式来强化部门产业间的体制协同

从交通方式来看,海铁联运是多式联运的无缝连接;从管理体制来看,海铁联运也需要建立完善交通管理体制来实现部门间的高度协同。因此,大多数国家都采用大交通管理体制来强化部门间的管理协同。以美国为例,美国联邦政府下设联邦运输部,负责统筹水、陆、空运输管理,其主要职责是制定运输政策,实施运输扶持计划。运输部下设联邦公路局、国家公路交通安全局、城市大众交通管理

局、联邦铁路局、联邦海事局、圣劳伦斯航道开发局、联邦航空局和海岸警卫队等部门,联邦运输部与州、县运输主管部门独立平行,各司其职。当各州制定的运输规则出现矛盾时,由联邦政府与各州政府通过对话协商解决。同时,货物通关、检验检疫等监管职能在货运枢纽中实现整合,实现了贸易监管职能的集约化和高效便捷。通过大交通管理体制的构建,美国海铁联运管理体制机制上的协同能力大大提升,部门间协同管理的效率也大大提高。

四、港区铁路路网的空间布局形制以圆环结构为主流

港区铁路路网的空间布局主要有海湾圆环形和沿海直线形两种形制。从欧美主要港口的地理形制来看,各大港口在海铁联运入港铁路路网的布局上都是以圈环结构来构建系统的路网体系的。圈环结构一般分内外两层,外层圈环是环绕整个港区的通港铁路,将港区各个功能区块连接起来,形成一个覆盖全部港区的大圈环结构;内层圈环是在功能性码头上(如煤炭码头、矿石码头、油气码头、件杂码头、汽车码头、集装箱码头等)建设与环港大圈环相连接的小圈环入港铁路线路。内层路网的布局形制与码头的空间大小有密切的关系,大型码头有条件布局、建设完整的码头环形线路,而空间有限或运力需求不高的码头多采取直进直出的线路布局。海铁联运的路网空间布局特点可以总结为"大环路,全贯通,多级编组,内外一体"。

五、港区内外的列车编组场站设施由小到大分级布局

港区内外的列车编组场站设施对疏港作业极为重要,从欧美主要港口的空间布局可以看出,各大港口对港区内外的列车编组场站的建设高度重视,列车编组场站的密度和建设规模呈连续性和规模化的特点,如安特卫普港的列车编组场站设施采取在整体空间上的

集约布局,港内编组场站的布局由码头延伸到港区外,形成密集空间中由小到大的分级空间布局形制;汉堡港除在港区内由小到大布局多级编组场站设施外,在港区南北两个方向的远距离区域也布局了两个大型编组场站,形成了一个超大规模的分级列车编组场站设施体系;洛杉矶港也采取了汉堡港的模式,区别在于洛杉矶港在港区外布局了集装箱专用的编组场站,而不是综合编组场站,说明洛杉矶港对海铁联运疏港体系中的集装箱运输存在布局上的侧重。

六、铁路运输管理体制

按照运网分离原则,推进市场化铁路运输管理体制改革是推进海铁联运发展的基础性条件。自然垄断下传统的铁路运输管理体制适应规模化、单一化、低端化的货运市场需求,当铁路货运市场面临越来越强烈的多元化、个性化、高端化的货运市场需求时,自然垄断模式的运输管理体制必然成为发展的阻碍。欧美国家在推进海铁联运发展的前置体制改革中,都不约而同地放松了对铁路货运市场的管制,并立法推进网运分离,将铁路运力和路网资源释放给市场,激发了海铁联运关键性生产要素的活力,增强了海铁联运发展在要素供给上的制度保障。

七、海铁联运的运营组织机制形成了良好的企业生态

欧美主要港口在海铁联运发展中有一个共性,即均对运营组织体制机制进行了创新。当货运市场需求显现出多元化、个性化和高端化的偏好特点时,自然垄断下传统的运营组织模式就不再适应市场的需求,反而强化了垄断运营商以垄断对抗市场需求偏好异动的动机,造成了海铁多式联运体系的恶性循环。为从体制机制层面打破传统垄断运营模式对海铁联运发展的桎梏,欧美各国纷纷立法推

进铁路管理体制的市场化改革,并将鼓励各类市场主体参与海铁联运业务,提供多元化的专业货运服务作为改革的重点。对此,可以将海铁联运运营组织机制改革的特点总结为"平台统一,管制放松,多元主体,共同参与,供求匹配,提质增效"。运营组织体制机制的创新促使欧美海铁联运市场形成了良好的行业生态,大中小各种规模、提供各类软硬件服务功能的企业都有了在市场中生存发展的空间,大企业有规模化、标准化和经济性的优势,中小企业可以满足特色化、专业化和便利性的需求。形形色色的市场主体成为欧美海铁联运发展中效率和活力的源泉。

八、高度重视海铁联运服务区域协同发展的外部效应

从各国发展海铁联运的实践来看,发展海铁联运对港区基础设施的空间布局有很高的要求。一方面,路网和编组场站建设需要的空间巨大,需要占用较多宝贵的港口空间资源;另一方面,组织运营的系统性强,要求有高水平的运营协同能力。因此,单纯就海铁联运自身的短期经济效益而言,难以与海河联运、海公联运等模式竞争。但从全局均衡的理性思考,可以看到欧美各国政府和港口在发展海铁联运的顶层制度设计中,高度重视海铁联运发展对区域产业发展的三大外部效应。

一是对市场需求的虹吸效应。海铁联运是现有多式联运方式中唯一能够将运距扩展到整个欧亚陆桥的运输模式,其经济运距远超海河联运、海公联运,从而使得拥有海铁联运优势的港口的经济腹地拥有更大的地理纵深。经济腹地的扩展和运力带来的规模经济必然形成市场需求的虹吸效应,促进海铁联运的发展进入良性循环。

二是对产业链的集聚效应。海铁联运是一个比海河联运、海公联运复杂的产业系统,在其产业链上可以集聚更多、更专业的产业门

类。拥有海铁联运能力的港口对临港产业拥有更大的吸引力,外贸、货代、信息、金融、教育、物流等现代服务业业态,港口、路网、仓储、设备、加工等传统制造业业态,都可以凭借海铁联运产业平台向港口经济圈集聚。

三是对港产城一体化的激发效应。发展海铁联运,必须对基础设施进行布局和建设,这对港口城市的整体空间布局提出了更高的协同要求。环港铁路路网和港区内外多级编组场站的布局和建设会促进临港产业结构和空间布局的优化,进而促进城市空间布局和功能的优化调整,有利于加快港产城一体化进程。

因此,可以将海铁联运服务区域协同发展的愿景总结为"一路通,百业兴",其愿景的实现是"港通—产兴—城扩"这一内在逻辑的必然结果。

第三章

我国海铁联运发展现状及存在的问题

第一节　我国海铁联运发展的总体现状

随着经济的快速发展和对外贸易的迅速扩张,中国港口物流的吞吐量和集装箱运力已双双位居世界第一。但由于国内港口集装箱集疏运主要以集卡运输为主要方式,除煤炭、铁矿石等大宗商品外,采用海铁联运方式的比例非常低。根据2014年《中国港口统计年鉴》的数据,中国港口铁道分会16个会员单位全年共计完成机车托运量31421.58万吨,为2013年同期托运量的83.6%,为2014年全国规模以上港口吞吐量(111.6亿吨)的2.81%;铁路集装箱运输共计完成112.2万标准箱,为2013年同期的129.4%,为2014年全国规模以上港口集装箱总吞吐量(20093万标准箱)的0.56%。而根据相关资料的统计,仅在2009年,发达国家港口物流中海铁联运的比例就已经达到20%~25%了;美国有的港口甚至达到了49%,法国达到40%,英国达到30%;发展中国家印度也达到了35%。[①] 因此,有必要对我国当前海铁联运发展现状做进一步剖析,具体可以从海铁联运的空间布局、基础设施和吞吐规模三个角度展开。

一、我国海铁联运的空间布局

根据2014年《中国港口统计年鉴》的数据,2014年,我国拥有发展海铁联运基础条件的沿海港口有22个,从北到南依次为:大连港、营口港、锦州港、秦皇岛港、天津港、唐山港、烟台港、青岛港、日照港、

①钱小宁.宁波舟山港集装箱海铁联运发展战略与对策研究[D].宁波:宁波大学,2019.

连云港港、上海港、宁波舟山港、泉州港、福州港、厦门港、广州港、深圳港、珠海港、湛江港、钦州港、防城港港、海口港。

从空间布局来看,海铁联运主要布局在三大经济圈内,其中,环渤海经济圈布局有大连港、营口港、锦州港、秦皇岛港、天津港、唐山港、烟台港、青岛港、日照港;长三角经济圈布局有连云港港、上海港、宁波舟山港;珠三角经济圈布局有泉州港、福州港、厦门港、广州港、深圳港、珠海港、湛江港、钦州港、防城港港、海口港。从行政区划来看,沿海的 11 个省(市)都有海铁联运基础设施和运力的布局,可谓全面开花,无一遗漏。

二、我国海铁联运的基础设施

2004,国务院通过了铁道部的《中长期铁路网规划》,规划中提出,要在北京、上海、广州、深圳、天津、哈尔滨、沈阳、青岛、成都、重庆、西安、郑州、武汉、大连、宁波、昆明、乌鲁木齐、兰州等 18 个城市兴建铁路集装箱中心站。[①] 这 18 个铁路集装箱中心站,除了 12 个内陆中心站外,与海铁联运相关的中心站只有 6 个,分别位于上海、广州、深圳、天津、大连和宁波 6 个国际航运枢纽港城市。按照原铁道部的规划意图,未来要把这些城市的铁路集装箱中心站打造成与国外发达国家接轨,专业的只提供集装箱服务的枢纽中心。但从港口和铁路资源整合的角度来看,这 6 个港口城市所拥有的海铁联运的基础设施相比铁路集装箱中心站的规划目标还存在较大的差距。其中上海港没有直通洋山的地理条件,广州港、大连港和宁波舟山港的海铁联运基础设施条件还处于较低水平,天津港和深圳港的海铁联运基础

---

①铁路集装箱中心站是集装箱铁路集散地和班列到发地,具有先进的技术装备和仓储设施,具有整列编解、装卸、日处理 1000 标准箱的能力,具有物流配套服务和洗箱、修箱条件以及进出口报关、报验等口岸综合功能。

设施条件虽未纳入统计,但从各方的报道来看,也处于跟其他枢纽港差不多的水平,基础较为薄弱(见表3.1)。

表3.1 2014年中国港口协会会员单位的海铁联运基础设施情况

港口	机车(台)	铁路里程(公里)	道岔数(组)	信号机(架)	轨道衡(台)
防城港港	7	86.5	178	22	动态3
大连港	15	143.34	312	314	静态4
宁波舟山港	10	55.12	106	176	静态11,动态1
连云港港	10	86.3	199	212	动态4
湛江港	15	98.68	235	405	动态7
广州港	8	41.7	114	72	2
秦皇岛港	12	210.2	382	643	静态2,动态6
日照港	15	160	298	321	静态1,动态6
唐山港	—	19.86	31	46	动态2
烟台港	5	24.5	32	52	静态2,动态2
珠海港	3	18	38	50	动态2

资料来源:2014年《中国港口统计年鉴》。

三、我国海铁联运的运力规模

2014年《中国港口统计年鉴》的统计数据显示,中国港口协会的成员单位在海铁联运的运力方面乏善可陈(见表3.2—表3.7)。2014年,海铁联运的货物托运量和集装箱运量与各港口综合吞吐量和集装箱运量相比,比重都在10.0%以下。如广州港的海铁联运货物托运量只占全部吞吐量的1.64%,集装箱运量占全部运量的0.03%;大连港的海铁联运货物托运量只占全部吞吐量的7.32%,集装箱运量占全部运量的1.5%;宁波舟山港的海铁联运货物托运量只占全部吞吐量的2.3%,集装箱运量占全部运量的0.69%。除了主要枢纽港的海铁联运运力较低外,还有部分成员单位的海铁联运在结构上偏重非集装箱货运,如秦皇岛港、黄骅港等港口主要从事煤炭、铁矿石等散货的海铁联运运输。

表 3.2　2014 年中国港口协会会员单位的海铁联运运力情况

港口	托运量 (万吨)	较上年增长 率(%)	集装箱运量 (标准箱)	较上年增长 率(%)
防城港港	3471	12.7	212434	19.6
大连港	3097	−6.6	151676	6.6
宁波舟山港	2005	−6.7	135058	57.4
连云港港	3361	−1.3	134848	−11.7
湛江港	3521	3.6	86296	16.3
广州港	822	−10.2	4175	37.2
秦皇岛港	5279	−13.3	—	—
日照港	4466	−20.4	—	—
唐山港	3100	28.0	—	—
烟台港	1681	−16.8	—	—
珠海港	187	74.1	—	—

资料来源:2014《中国港口统计年鉴》。

表 3.3　2014 年全球前二十大港口货物吞吐量排名

排名			港口	吞吐量(万吨)		增长率 (%)
2014 年	2013 年	走势		2014 年	2013 年	
1	1	→	宁波舟山港	87347	80978	7.86
2	2	→	上海港	75529	77600	−2.67
3	3	→	新加坡港	58127	56089	3.63
4	4	→	天津港	54000	50100	7.78
5	8	↑	唐山港	50080	44600	12.29
6	5	↓	广州港	48000	45500	5.49
7	6	↓	苏州港	47900	45400	5.51
8	7	↓	青岛港	47700	45000	6.00
9	9	→	鹿特丹港	44473	44046	0.97
10	10	→	大连港	42300	40700	3.93
11	12	↑	黑德兰港	42129	32549	29.43

续表

排名			港口	吞吐量（万吨）		增长率
2014 年	2013 年	走势		2014 年	2013 年	（%）
12	13	↑	釜山港	34610	32486	6.54
13	14	↑	日照港	33500	30900	8.41
14	11	↓	营口港	33400	32000	4.38
15	16	↑	香港港	29592	27606	7.20
16	17	↑	南路易斯安那港	29183	26632	9.58
17	15	↓	秦皇岛港	27400	27300	0.37
18	18	→	光阳港	25115	23955	4.84
19	20	↑	烟台港	23700	22200	4.76
20	19	↓	深圳港	22300	23400	4.70

数据来源：各港口港务局网站、中国交通运输部网站。

表 3.4　2014 年全球前二十大港口集装箱吞吐量

排名			港口名称	吞吐量（万标准箱）		增长率
2014 年	2013 年	走势		2014 年	2013 年	（%）
1	1	→	上海港	3529	3362	4.97
2	2	→	新加坡港	3387	3258	3.96
3	3	→	深圳港	2396	2328	2.92
4	4	→	香港港	2227	2235	−0.37
5	6	↑	宁波舟山港	1945	1735	12.10
6	5	↓	釜山港	1868	1769	5.61
7	8	↑	广州港	1660	1531	8.43
8	7	↓	青岛港	1658	1552	6.83
9	9	→	迪拜港	1525	1360	12.13
10	10	→	天津港	1405	1300	8.08
11	11	→	鹿特丹港	1230	1162	5.82
12	12	→	巴生港	1095	1035	5.75
13	14	↑	高雄港	1059	994	6.60
14	13	↓	大连港	1013	1002	1.10
15	15	→	汉堡港	973	926	5.10
16	16	→	安特卫普港	898	858	4.66

续表

排名			港口名称	吞吐量(万标准箱)		增长率
2014 年	2013 年	走势		2014 年	2013 年	(%)
17	17	→	厦门港	857	801	6.99
18	18	→	洛杉矶港	834	790	5.57
19	19	→	丹戎帕拉帕斯港	760	742	2.47
20	20	→	长滩港	682	673	1.34

数据来源:各港口港务局网站。

表 3.5　2013—2014 年中国 200 万标准箱以上港口集装箱吞吐量

港口	2014 年(万标准箱)	2013 年(万标准箱)	增长率(%)
上海港	3528.5	3361.7	5
深圳港	2403.0	2327.8	3.2
宁波舟山港	1945.0	1732.7	12.3
青岛港	1662.4	1552.0	7.1
广州港	1616.0	1530.9	5.6
天津港	1405.0	1300.0	8.1
大连港	1012.8	991.2	2.2
厦门港	857.2	800.8	7
营口港	576.8	530.1	8.8
连云港港	500.5	548.8	−8.8
日照港	242.0	202.7	19.4
烟台港	236.1	215.0	9.8
福州港	223.9	197.7	13.3
全国总量	18200.0	16926.0	7.1

表 3.6　2014 年中国港口协会成员单位海铁联运按照托运量指标排序

港口	机车(台)	铁路里程(公里)	道岔数(组)	信号机(架)	轨道衡(台)	托运量(万吨)	较上年增长率(%)	集装箱运量(万标准箱)	较上年增长率(%)
秦皇岛港	12	210.2	382	643	8	5279.0	86.7	—	—
日照港	15	160.0	298	321	7	4466.0	79.6	—	—
湛江港	15	98.7	235	405	7	3521.4	103.6	8.6	116.3

港口	机车（台）	铁路里程（公里）	道岔数（组）	信号机（架）	轨道衡（台）	托运量（万吨）	较上年增长率（%）	集装箱运量（万标准箱）	较上年增长率（%）
防城港港	7	86.5	178	22	3	3470.9	112.7	21.2	119.6
连云港港	10	86.3	199	212	4	3361.2	98.7	13.5	88.3
唐山港	—	19.9	31	46	2	3099.6	128.0	—	—
大连港	15	143.3	312	314	4	3097.0	93.4	15.2	106.6
宁波舟山港	10	55.1	106	176	12	2005.0	93.3	13.5	157.4
烟台港	5	24.5	32	52	4	1680.9	83.2	—	—
广州港	8	41.7	114	72	2	821.9	89.8	0.4	137.2
珠海港	3	18.0	38	50	2	187.3	174.1	—	—

数据来源：2014《中国港口统计年鉴》。

表 3.7　2014 年中国港口协会成员单位海铁联运按照集装箱运量排序

港口	机车（台）	铁路里程（公里）	道岔数（组）	信号机（架）	轨道衡（台）	托运量（万吨）	较上年增长率（%）	集装箱运量（万标准箱）	较上年增长率（%）
防城港港	7	86.5	178	22	3	3470.9	112.7	21.2	119.6
大连港	15	143.3	312	314	4	3097.0	93.4	15.2	106.6
宁波舟山港	10	55.1	106	176	12	2005.0	93.3	13.5	157.4
连云港港	10	86.3	199	212	4	3361.2	98.7	13.5	88.3
湛江港	15	98.7	235	405	7	3521.4	103.56	8.6	116.29
广州港	8	41.7	114	72	2	821.9	89.78	0.4	137.2
秦皇岛港	12	210.2	382	643	8	5279.0	86.7	—	—
日照港	15	160.0	298	321	7	4466.0	79.6	—	—
唐山港	—	19.9	31	46	2	3099.6	128	—	—
烟台港	5	24.5	32	52	4	1680.9	83.16	—	—
珠海港	3	18.0	38	50	2	187.3	174.1	—	—

数据来源：2014《中国港口统计年鉴》。

第二节 我国典型港口海铁联运概况

课题组为进一步掌握我国海铁联运的发展现状,经过比较筛选,选取国内海铁联运发展水平和条件较好的 4 个港口进行典型性介绍。这 4 个港口分别是天津港、营口港、青岛港和宁波舟山港。

一、天津港海铁联运发展概况[①]

(一)海铁联运路网总体布局

天津港是我国沿海地区最早开通亚欧大陆桥运输的港口,目前开行了阿拉山口、二连浩特、满洲里、包头东方向的班列。天津港通往阿拉山口、二连浩特与满洲里的运距分别为 3966 公里、976 公里和 2165 公里,其中除大连距满洲里较近外,天津港至其他 3 个口岸的运距均为最短,在运距上具有较大优势。截至 2015 年,天津港开往二连浩特的集装箱班列已达到每天 1 列,开往阿拉山口的班列已达到 2 天 1 列。天津港大陆桥集装箱累计运量已突破 40 万标准箱,成为我国沿海港口中大陆桥运输路径最多、运距最短、运量最大的港口,日本、韩国及东南亚的各种货物源源不断地通过这两条便捷的通道运往蒙古国、欧洲,从而架起了东北亚、东南亚与中亚、西亚及欧洲之间的贸易桥梁。2008 年 6 月,天津港—满洲里过境集装箱班列正式开行,首批装有 50 个 40 英尺(约 19.2 米)集装箱的列车由天津港经满洲里出境运往俄罗斯,打通了一条通往蒙古国、中西亚、欧洲地区的铁路通道,最远可直达鹿特丹港。天津港已成为我国唯一拥有亚欧大陆桥

[①]本部分资料与数据均来自 2015 年天津港集团官网:https://www.ptacn.com.

全部三条通道的港口。[①]

(二)海铁联运港区路网布局

天津港拥有良好的港区铁路路网基础,主要港区码头都有铁路路网布局,基本形成了圈环形环港铁路路网,并且在港区外有大型列车编组场站。天津港入港路网主要服务于大宗商品的运输,集中在煤炭、矿石和干散货方面。天津港内建设有铁路新港站,通过进港二线与新港编组场、塘沽站连接,站内主要为专用线,其中有两条线路可以做到整列到发,能够进行整车、集装箱、超限货物的发送。由于专用线的作业设备、作业方式落后,不能满足现代化运输的需求,导致铁路港站作业能力无法满足港口需求,而且铁路运输需要满列才能开行,由于没有与港口实现信息的有效对接,与船期不能良好衔接,导致大量货物从铁路流失。铁路港站作业方式落后、信息不对称是制约天津港发展集装箱海铁联运的一个"瓶颈"。

(三)海铁联运的发展水平

天津港的海铁联运基础较好。2008 年运量突破 11 万标准箱,累计运量和年运量两项指标均为全国港口陆桥运量首位;2011 年陆桥运量达到 14.9 万标准箱,为历史最高水平;2012 年开始回落,为 14.2 万标准箱;2013 年降至 12.4 万标准箱(见图 3.1)。

天津港积极推进"无水港"布局,在北京朝阳、平谷,河北石家庄、保定、邯郸、张家口、邢台、唐山、衡水和胜芳共布局 10 个内陆"无水港",2014 年共建成 25 个"无水港"。按照天津港的规划,"无水港"通过通关一体化,使北京和天津实现港口共用,成为国际海运目的港和启运港,搭建起海铁联运通往亚欧大陆腹地的"大动脉"。有了内陆"无水港",天津港可以将口岸延伸到内地,深入中西部地区,组织货源提升港口吞吐量。

---

①刘竹芃.天津港集装箱海铁联运研究[J].中国铁路,2012(7):26-28.

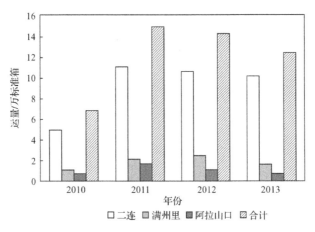

图 3.1　天津港 2010—2013 年路桥运量

(四)海铁联运发展的潜力

天津港现有的海铁联运基础设施主要集中在煤炭、矿石、石化、杂货等码头,集装箱码头目前还没有布局海铁联运的铁路路网延伸进码头。天津港港区整体形制条件优越,有较好的条件进行环港铁路路网的布局,同时港区外的预留空间也非常充裕,有充足的空间进行海铁联运基础设施的布局和建设。根据《天津港集疏运交通体系规划》,天津港将建设 7 条直通内陆腹地的铁路通道,打通津承铁路,形成天津港直接向北联系张家口、赤峰方向的新通路;推动津石铁路建设,形成天津港直通西部的铁路通道。中心城市外围形成 C 字形货运环线,规划完善市域铁路枢纽,形成"北进北出、南进南出"的环线结构。规划建设津蓟铁路工程,强化天津枢纽与对外通路的衔接;规划形成由大北环线、豆双线、汉周线、西南环线组成的中心城市外围 C 字形货运环线,并逐渐弱化环线内部的京山铁路、蓟港铁路、李港铁路的货运功能,分离客货交通。规划 3 条通道铁路直接进港,增强对各个港区的支撑。[①]

①王月.天津港构筑 7 条对外铁路 形成 14 条高速疏港通道[N].每日新报,2014-08-20.

二、营口港海铁联运发展概况

(一)海铁联运路网总体布局

营口港在海铁联运的建设上取得了重大进展。先后开通营口港—莫斯科、营口港—华沙、营口港—岑特罗利特、营口港—多布拉、营口港—卡卢加等6条国际直达班列,中国东部地区经满洲里口岸出境的所有中欧班列,近50%是由营口港集结发出的。经营口港至满洲里口岸出境的亚欧大陆桥集装箱运输大通道,向西可到达俄罗斯、白俄罗斯、波兰、斯洛伐克、匈牙利、奥地利、德国等国家,最远运输距离达1.4万公里。满洲里是国内东线连接西伯利亚最大的铁路出境口岸,营口港距满洲里口岸1613公里,运距在国内海港中是最短的,使营口港的海铁联运具有了高效率和低成本的竞争优势。这条线路经过多个东欧地区国家,在国际商品贸易领域开拓了新的线路和市场。

(二)海铁联运港区路网布局

营口港目前有8个港区,分别是营口港区、鲅鱼圈港区、绥中港区、盘锦港区、仙人岛港区、海洋红港区、绥中石河港区和葫芦岛港柳条沟港区。营口港多个港区目前都有入港铁路路网,如盘锦港疏港铁路是盘锦港的重要配套工程,也是港口集疏运的主要运输方式。这条疏港铁路北与金帛湾站接轨,南至盘锦港区,正线全长7.5公里。盘锦港疏港铁路年设计运量近期1368万吨,远期3646万吨。货物品类主要以集装箱、煤炭、钢铁、粮食、金属矿石、建筑材料等货物为主。2015年,开工建设营口港仙人岛港区疏港铁路和新建盘锦港疏港铁路。营口港仙人岛港区疏港铁路从沈大线熊岳城站引出至仙人岛港区,全长16公里;新建盘锦港疏港铁路从沟海线渤海站引出至盘锦港区,全长53公里。营口港鲅鱼圈港区拥有11条1050米铁路专用线,20多台正面吊、龙门吊等机械,口岸内的倒运与装卸可以自行完成;拥有营口港规模最大、功能最全的集装箱场站,可提供货物拆装箱以及集装箱堆存、中转、修洗等服务,满足客户的多样性需求,极大地促进了海铁联运发展。

(三)海铁联运发展的水平

从 2012 年以来,营口港集装箱海铁联运量连续 4 年均超过 30 万标准箱,始终领先全国。营口港发往欧洲的集装箱班列,由最初的零散发运增加到每周 6 列 300 多标准箱,目前已成为亚欧大陆桥东线名副其实的主干道。

(四)海铁联运发展的潜力

营口港发展海铁联运有三方面的潜力:一是区位优势。作为中转港,营口港拥有得天独厚的区位优势,是亚欧第一大陆桥距离中国最近的大型港口。二是海铁联运基础设施条件较好。主要的港区基本都有入港铁路路网布局,保障了海铁联运业务的开展。三是营口港推动港产城一体化发展的空间比较充裕。从营口港鲅鱼圈港区的位置和周边环境来看,如果营口港有意拓展海铁联运基础设施,可供开发的土地空间非常充裕,这个优势条件是距离最近的大连港所不具备的。

三、青岛港海铁联运发展概况[①]

(一)海铁联运路网总体布局

青岛港由青岛老港区、黄岛油港区、前湾新港区、董家口港区四大港区组成。其中,前湾新港区是青岛港集装箱运输干线的核心港区,也是环渤海地区沿海港口国际集装箱、外贸进口铁矿石和煤炭三大运输系统的重要组成部分;黄岛油港区是以原油中转运输为主的

---

① 本部分资料与数据均自 2015 年由青岛港官网:https://www.qdport.com.

大型专业化液体散货港区,铁路运量极小;青岛老港区位于青岛主城区范围内,目前铁路货运量很小。青岛港铁路集疏运主要以煤炭的集运、铁矿石的疏运为主,其中集运货物中煤炭所占比例高达 76%,疏港货物中铁矿石所占比例高达 88%。

(二)海铁联运港区路网布局

青岛港铁路集疏运系统由港内铁路系统、港联线衔接系统、黄岛站港前站系统和青岛港的后方铁路通道系统构成。[1] 按货物的流向,集运系统是从内陆腹地货源地始发站装车,经港口后方铁路通道系统至黄岛站港前站系统,通过港联线衔接系统,进入港内铁路系统进行卸车;疏运系统是从港内铁路系统装车,经港联线衔接系统至黄岛站,通过港口后方铁路通道至终到站卸车。青岛港海铁联运系统由集运(进港)和疏运(出港)两个方向的铁路运输系统组成,连接形成完整的闭合运输体系。

(三)海铁联运发展水平

从青岛港铁路集疏运量可以看出,铁路是青岛港集疏运的主要方式之一,经由铁路的疏港铁矿石运量占铁矿石总运量的 40% 以上,经由铁路的煤炭集运量占煤炭总集运量的 33%。2015 年,青岛口岸首批232 辆进口整车通过海铁联运发往新疆乌鲁木齐,直达客户家门口,在全国汽车进口口岸中首创进口整车海铁联运新模式。2015 年青岛港海铁联运集装箱数量突破 30 万标准箱,同比增长 36%,跃居全国港口首位。

(四)海铁联运发展潜力

青岛港的海铁联运基础设施主要存在港城空间交叉重叠的问题,海铁联运的拓展空间不足,在现有港区进行大规模海铁联运路网和编组站基础设施改造升级存在很大的难度。为了摆脱港口发展的

---

[1]左琼.青岛港铁路集疏运能力适应性分析[J].铁道货运,2013(5):21-26.

空间局限,青岛港开辟了第四个港区董家口港区,专用于大型煤炭、矿石的集疏运。但董家口港距离青岛港胶州湾港区的距离太远(约70公里),在地理区位上更加接近北边的日照港(约30公里),加剧了区域内的同质竞争程度,未来的效益需要慎重考虑。

此外,青岛港对接全国18个中铁集装箱中心站的空间布局,使其成为山东境内唯一的铁路集装箱中心站。该中心站位于青岛胶州湾国际物流中心,占地约141公顷。建设站场60万平方米,站线铺轨23.83公里,桥涵17座。中铁联合国际集装箱有限公司青岛铁路集装箱中心站的主要服务对象是青岛港和山东沿海各港,其功能主要是承接青岛老港区、青岛前湾港区以及烟台、威海、日照、石岛等地各港口集装箱铁路车流的储存、编组以及班列始发。但从空间布局上来看,其与青岛港区的距离,无论是公路还是铁路,均超过70公里,对青岛港海铁联运集疏运能力的提升有待观察。

四、宁波舟山港海铁联运发展概况[①]

(一)海铁联运路网总体布局

"十四五"期间,宁波市将加快推进"六线一枢纽"规划建设,其中"六线"是指新建六条对外铁路干线,包括甬金铁路、甬舟铁路、沪甬跨海铁路(通苏嘉甬)、沪甬城际(宁波至上海金山)、杭甬城际、沿海高铁(宁波至温州);"一枢纽"则是指宁波铁路枢纽,在枢纽内部重点建设穿山港环港铁路支线工程。穿山港铁路是宁波铁路枢纽的重要组成部分,是打通国家铁路路网与宁波港口铁路的"最后一公里",对提高宁波港口集疏运能力,完善区域综合交通网络,推进宁波及周边地区加快融入"一带一路"倡议有着重要意义。穿山港铁路可开行双层集装箱列车,

---

① 本部分资料与数据来自 2015 年宁波舟山港官网:https://www.portzhoushan.com.

主要承担穿山港码头集装箱、煤炭、矿石等货物的集疏运。在"十四五"规划中,以宁波舟山港为中心的区域性海铁联运路网体系将完善起来。

(二)海铁联运港区路网布局

宁波舟山港三个港区拥有铁路直达码头作业现场,可以进行水路、铁路联运,港区共有铁路专用线总延长 27.4 公里,其中装卸线 12.7 公里。三个港区中,镇海石化铁路线路延伸入石化生产港区;北仑港区铁路线路延伸进集装箱码头;镇海港区的煤运专用码头经过改造,可以承担混合运输的任务。

(三)海铁联运发展的水平

2009 年 3 月,宁波—义乌集装箱班列开通,这是宁波港口首次开通集装箱班列,标志着宁波港口海铁联运实现了历史性突破。随后,省内的台州、金华、绍兴、衢州及省外的南昌、上饶、鹰潭、景德镇、萍乡、新余、西安、襄阳等地班列开通,宁波至华东地区集装箱海铁联运通道被确定为全国首批示范项目之一,海铁联运逐渐成为宁波港集装箱运输的亮点。2009 年,宁波港海铁联运货运量全年仅 1690 标准箱,之后逐年提升。2014 年,宁波港完成集装箱海铁联运 13.51 万标准箱,同比增长 31.1%,增幅在全国 6 个示范通道中位列第一,成为海铁联运南方第一大港。[①]

(四)海铁联运发展的潜力

宁波舟山港现有的海铁联运发展水平虽然相比国内基础较好的大港有一定差距,但相比较而言,宁波舟山港拥有五大竞争优势。

1.地理、地缘上的区位优势

在地理区位优势上,宁波处于长江经济带金三角区域的南岸,是

---

①杨霞晓.宁波港:海铁联运桥头堡[J].中国检验检疫,2015(2):2.

上海—宁波—舟山国际航运中心金三角区域中唯一拥有布局大规模海铁联运基础设施的区位优势;在地缘区位优势上,中国有三大港航中心,即京津冀港航中心、长三角港航中心和珠三角港航中心中,而长三角港航中心是中心中的中心。

2.岸线和航道优势

随着船舶的大型化、集约化和联盟化,未来国际物流发展趋势将更加集中,宁波舟山港的深水岸线和航道优势将进一步凸显。

3.区域经济的强大产业支撑

与营口港等国内海铁联运发展较快的港口相比,宁波舟山港发展海铁联运既有港航物流和海铁多式联运的基础,更有区域产业的强大支撑,单纯的贸易、货物中转港与宁波舟山港这样的港产城一体化发展的海铁联运港口是无法比拟的。

4.港产城一体化发展有充裕的空间保障

宁波舟山港的港口岸线独特,宁波临海岸线与舟山岛合围,形成了独特的岛岸型海港,是典型的开放式港区发展空间。2015年,交通运输部和国家发改委联合发布《关于港口接靠40万吨矿石船有关问题的通知》,公布了全国将可挂靠40万吨级的7个铁矿石码头,其中3个位于舟山港域,可以预见铁矿石等大宗货物向大码头集聚是未来趋势,宁波舟山港区的铁矿石、煤炭、原油等货物的集疏运向舟山港区的功能性积聚,进一步拓展了宁波舟山港区发展海铁联运,布局超大型入港铁路路网和列车编组场站的空间。

5.体制机制创新上的先发优势

宁波舟山港积极推动在海铁联运运营监管体制机制上的创新,如创新物流枢纽建设模式,超前布局向海铁联运经济腹地延伸的"无水港";创新贸易监管体制,联手宁波海关以"批量中转"模式开展海铁联运业务,开启了外贸集装箱经宁波港至西北内陆的"一票制"服务新模式;创新港航信息平台建设,宁波航交所开始发布海上丝路贸易指数——宁波航运经济指数(NSEI)。

第三节　我国发展海铁联运面临的问题

一、空间布局散乱

依照现有海铁联运空间布局的形制,我国海铁联运的空间布局规划较为散乱,尚未按照"全国一盘棋"的指导思想,形成一个系统化、层次化、功能化的有序空间布局,具体表现在两个方面:一是港城间空间交叉重叠。城市规划与港口规划混杂,港城不分,没有为海铁联运基础设施拓展留下余地;二是港口间同质化竞争严重。各地方表现出强烈的争夺海铁联运区域主导权的姿态,加剧了海铁联运空间布局的碎片化、离散化和无序化。例如,天津港与曹妃甸港,大连港与营口港,青岛港与日照港,厦门港与漳州港,广州港、珠海港与深圳港等,相互间距离均仅数十公里。

二、基础设施建设薄弱

从 2014 年《中国港口统计年鉴》的统计数据来看,中国港口协会16 家会员单位的铁路基础设施建设非常薄弱。11 个沿海港口的铁路基础设施中,机车仅有 93 台,铁路里程数为 857.7 公里。即便加上未纳入统计的天津港、青岛港、深圳港等港口,与国外海铁联运发展水平较高的国家相比,软硬件条件都存在较大的差距,如汉堡港的海铁联运编组能力已达到每天上万节车厢的规模。基础设施薄弱的主要原因是在传统的港口物流运营模式中,港铁分离的运营体制设计弱化了港铁两方面的投入积极性,制约了海铁联运的发展。

三、运营效益不佳

海铁联运运输模式的优势在于规模经济。因此,海铁联运的运营需要较大的运力负载和市场容量。但是从统计资料来看,现有的海铁联运既没有发挥出运力的潜力,也没有市场容量扩容的空间,尚未有效实现海铁联运的集约化、规模化和经济性。根据 2014 年《中国港口统计年鉴》的统计数据,11 个沿海港口的铁路托运量为 3 亿吨,集装箱运量为 72.4 万标准箱,与这些港口的吞吐总量和集装箱运量相比,海铁联运的规模效益优势没有体现出来。

四、安全意识薄弱

重要港口的建设要依托地缘和地理优势,不能突破规划布局中国防安全的底线。特别是一些重要的枢纽港,不仅要在规划设计中高度重视经济性问题,比如人工深水港的运营成本问题、港城空间重叠的港区功能拓展问题;更要高度重视国防风险对经济安全的影响,比如孤悬海外的人工港的通道安全保障问题。国内一些重要港口在规划和建设上,较多考虑经济效益,忽视国防安全的重要性,给海铁联运重大基础设施建设带来严重的安全隐患。我们正处在百年未有之大变局中,但国防安全必须放在海铁联运等重大建设规划的首要位置。

第四节　我国海铁联运发展问题的原因

海铁联运的功能定位对支撑"一带一路"高质量发展,推进"互联互通"目标的稳步实现具有极其重要的作用。但是,仅仅从政策理念层面去认识海铁联运的重大意义是不够的,还需要从海铁联运如何落地的角度去研究分析实施的工作抓手。海铁联运的发展要秉持全局性、系统性的格局,需要从国家战略的层面进行谋划。针对我国海铁联运发展中存在的问题,课题组尝试从理论和政策研究的角度理解其成因。

一、对"一带一路"发展理念认识不足

"一带一路"倡议是一个前所未有的开放发展的顶层设计,是在中国成为世界第二大经济体、全球经济增长进入下行阶段、国际贸易秩序剧烈变革的大背景下提出的。对于这一新的发展理念和蓝图,不仅中央部门需要积极开展理论和政策研究,提出发展的方向,制定政策基调,更需要地方各级政府和港航企业针对自身发展需求,制定出能够落地的发展规划和工作抓手。同时,地方政府和港航企业不可避免地存在对"一带一路"发展理念的认识局限,出现对自身发展方向把握不清、对传统发展路径存在依赖、对创新发展模式盲目跟从等一系列需要在发展中逐步解决的问题。

二、对开放发展的格局调整认识不足

"一带一路"倡议对中国开放发展的格局做出了重大的结构调整,从"弃陆向海"的开放格局转向"海陆并重"的开放格局。客观要求,从中央到地方,从政府到企业,都要实现均衡思想的转变。"一带一路"发展蓝图所提出的均衡思想实现了从传统的局域均衡和中域均衡视域,向广域均衡视域的迈进。简而言之,就是地方政府和港航企业需要将发展视野向更加广阔的"一带一路"的地理空间拓展,发展思路和规划目标要突破区域和国境的地理约束,将市场、贸易、物流等概念的内涵升级拓展,才能适应"一带一路"倡议构建的全球贸

易体系的发展变化动态。

三、对区域产业的协同发展认识不足

海铁联运的表象是结合海洋运输与铁路运输的多式联通模式，但实质是一个多元视角协同发展的系统工程，其协同发展的内涵要比传统思维中的港口进铁路更为复杂，具体包括海陆地缘协同、港城空间协同、产业内外协同、组织机制协同等，涉及一系列改革开放以来重大协同创新的关键节点性问题。既需要国家发改委这样的顶层机制设计者的全局把控，又需要各地方、各部门和各港航、铁路、物流企业的主动参与、理性定位、科学规划、有效实施，实现中央与地方、产业内与产业外、政府与市场、国内与国际的多元化协同创新和协同发展目标。

四、对海铁联运的国防安全认识不足

改革开放 40 多年以来，我国经济实现了高速发展，但对经济利益的追求，也淡化了人们对经济系统安全稳定的警惕性。一些地方政府和港航企业没有从经济系统稳定性的高度提高认识，如没有充分地意识到海铁联运除了作为交通基础设施服务于物流经济和对外贸易外，同时还兼具服务国家战略和保障国防安全的重要功能。欧美大规模海铁联运基础设施建设既有经济层面的考虑，也有经济系统稳定层面的战略锚定。欧洲三大港口的海铁联运基础设施都是属于全球战略层级的基建工程，尽管在经济贸易层面其发挥的功能落后于内河运输和公路运输，但一旦有战略需要，其服务国家战略和保障国防安全的作用是其他运输方式无法企及的。

综上，课题组认为，我国海铁联运发展应当从三个环节予以布局和实施。

第一,厘定海铁联运发展的核心载体——海铁联运战略枢纽港的功能定位。海铁联运发展研究的重心不是如何简单地将海运和铁路运输方式机械地结合起来,而是如何锚定能够承载各类海铁联运要素的载体——海铁联运枢纽港。换言之,在海铁联运工程的实施中,基础而重大的研究问题是如何从"一带一路"倡议的高度去定义和明晰海陆联通的功能性载体——海铁联运功能性港口体系。

第二,科学确定海铁联运战略枢纽港的空间布局。优选的方法是根据海铁联运三类功能港口的重要属性,建立遴选海铁联运目标港口的评价指标体系,按照海铁联运目标港口的评价结果,确定被选港口是划入战略枢纽港的范围,还是划入中心区位港的范围,抑或是划入特色功能港的范围。通过科学遴选战略枢纽港,达到优化海铁联运基础设施布局的目的。

第三,完善海铁联运发展的配套体制机制。当海铁联运基础设施布局到具体的区域后,海铁联运产业化运营需要各类生产要素的支撑,才能够实现"一带一路"发展理念赋予海铁联运的基本任务。因此,必须从海铁联运全产业链和市场生态的系统视角,对诸如港城协同体制、铁路管理体制、贸易监管体制、市场管理机制等一系列重大体制机制问题进行剖析。配套体制机制的研究对海铁联运的空间布局和功能发挥有着重大的影响,对海铁联运综合效应的发挥至关重要。

第四章

海铁联运发展的
框架及重点

第一节　发展海铁联运的压力机制

在"一带一路"倡议下,中国必须加快东部沿海地区国际贸易大港海铁联运基础设施的布局和建设,这是由我国经济发展所面临的外部压力客观决定的。

一、竞争发展的策略匹配

随着全球航运市场中航运规模经济的扩张,大型化船舶运载的集装箱越来越多,面临汹涌袭来的大船浪潮,各大港口不堪重负,很难按时完成集装箱的装卸和转运任务。同时,航运商们纷纷加入大型航运联盟,共享超大型船舶,进一步加大了港口压力。根据相关研究数据[①],下一代船舶的运力将高达 2.2 万～2.4 万 20 英尺(约 6.1 米)标准箱。超大型船舶的发展趋势带来了两方面的巨大挑战:一是船舶越大,对码头的水深提出了更高的要求;二是集装箱载运规模越大,对港口的堆场、装卸和转运能力提出了更高的要求。在可预见的未来,海河、海公联运的集疏运模式将面临整合,发展海铁联运将成为提升港口集疏运能力的关键性竞争策略。当前,世界主要港口都将发展海铁联运作为提升港口竞争力的重要抓手。在可预见的未来,海铁联运的发展水平将成为衡量各国港航物流综合竞争力的重要指标。所以,要想保持我国港口国际竞争力的稳步提升,必须有更强大的港口集疏运物流体系与之相匹配,加强海铁联运集疏运能力

---

①彼得·T.里奇.施索仁:缩减运力不降价是明智之举[J].中国远洋航务,2014(9):52-53.

成为必然选择。

二、节能减排的刚性义务

2014 年 11 月 12 日,中美两国元首宣布了两国 2020 年后应对气候变化的行动。中国承诺,到 2030 年左右,二氧化碳排放达到峰值且将努力早日达峰。2015 年 6 月,伦敦政治经济学院(LSE)发布了《中国新常态下结构转型、发展与碳排放峰值报告》,该报告将中国减排前景划分为"保持型减排方案"和"快速型减排方案"两种。相较于 2010 年 94 亿吨的参考基数,前套方案预测,在 2020 年、2030 年,排放量分别为 135 亿吨和 165 亿吨;后套方案预测,该数据分别为 126 亿吨和 138 亿吨。若想实现 2030 年将全球气温上升控制在 2℃ 以内的目标,届时全球可排放的温室气体总量为 350 亿吨。除去其他国家排放的 230 亿吨,假设美国、欧盟实现零排放,也只给中国预留了 120 亿吨的余量空间。

因此,实现 2030 年将全球气温上升控制在 2℃ 以内的目标将非常困难。同时,报告还重点提出,预计到 2050 年,中国交通领域排放的二氧化碳总量将达到 19 亿吨,但也有望缩减到 10 亿吨。

根据《2014 年交通运输行业发展统计公报》的数据,同时借鉴相关学者的测算方法[1],我们一方面可以看到,传统公海联运物流模式和港口运作在能耗和碳排放上的巨大体量,另一方面也可以看到海铁联运港口物流模式相较于传统的公海联运物流模式,在能耗和碳排放上存在巨大优势(见表 4.1)。

---

①门联欢,甘爱平,陈可桢.绿色港口趋势下我国主要港口碳排放量的预测及减排对策[J].水运管理.2014(8):6-11.港口碳排放量=当年标准煤单耗量×当年货物吞吐量×碳排放系数。

表 4.1　2011—2014 年我国沿海港口铁路和集卡运输模式之间
能耗和碳排放比较

项目	2011 年	2012 年	2013 年	2014 年
沿海港口吞吐量（亿吨）	63.6	68.8	75.6	80.3
铁路能耗标准 （吨标准煤/百万换算吨公里）	4.76	4.72	4.54	4.51
集卡能耗标准 （千克标准煤/百吨公里）	4.8	5.7	5.2	5.3
沿海港口企业能耗 （吨标准煤/万吨）	3.27	3.1	3	2.7
全部用铁路运输的能耗 （吨/公里）	30273.6	32473.6	34322.4	36215.3
全部用集卡运输的能耗 （吨/公里）	305280	392160	393120	425590
公铁碳排放差额（吨/公里）	275006.4	359686.4	358797.6	389374.7
铁路碳排放占公路集卡碳 排放比重（%）	9.92%	8.28%	8.73%	8.51%
港口企业碳排放总量（万吨）	511.38	524.43	557.68	533.11

标准煤折算 CO_2 系数＝2.4589

数据来源：2011—2014 年交通运输行业发展统计公报。

　　《2014 年交通运输行业发展统计公报》中没有公布细分的集卡能耗标准和沿海港口企业能耗标准，故课题组在确定港口企业能耗标准时采用全国平均数据（2.7）；集卡能耗数据则按照《2013 年交通运输行业发展统计公报》中的公路专业货运企业检测数据测算得到，2014 年我国集装箱卡车的能耗为 5.3（千克标准煤/百吨·公里）（见表 4.2）。[①]

　　①测算方法：以 2011—2013 年公路专用货运企业的平均能耗与集装箱卡车能耗的比值的算术平均值为折算系数，反推 2014 年的集装箱卡车能耗。

表 4.2　2013 年我国公路运输抽样企业能耗标准

项目	总数(辆)	能耗(千克标准煤/百吨·公里$^{-1}$)
公路专业货运企业	564	1.9
集装箱车	10	5.2
牵引车	352	1.7
厢式车	202	2.5

数据来源:《2013 年中国交通运输行业发展统计公报》。

表 4.3　2013 年、2014 年全球前二十大港口货物吞吐量

排名			港口名称	2014 年(万吨)	2013 年(万吨)	增长率(%)
2014 年	2013 年	走势				
1	1	→	宁波舟山港	87347	80978	7.86
2	2	→	上海港	75529	77600	−2.67
3	3	→	新加坡港	58127	56089	3.63
4	4	→	天津港	54000	50100	7.78
5	8	↑	唐山港	50080	44600	12.29
6	5	↓	广州港	48000	45500	5.49
7	6	↓	苏州港	47900	45400	5.51
8	7	↓	青岛港	47700	45000	6.00
9	9	→	鹿特丹港	44473	44046	0.97
10	10	→	大连港	42300	40700	3.93
11	12	↑	黑德兰港	42129	32549	29.43
12	13	↑	釜山港	34610	32486	6.54
13	14	↑	日照港	33500	30900	8.41
14	11	↓	营口港	33400	32000	4.38
15	16	↑	香港港	29592	27606	7.20
16	17	↑	南路易斯安那港	29183	26632	9.58
17	15	↓	秦皇岛港	27400	27300	0.37
18	18	→	光阳港	25115	23955	4.84
19	20	↑	烟台港	23700	22200	6.76
20	19	↓	深圳港	22300	23400	4.70

数据来源:各港口港务局网站、中国交通运输部网站。

三、产业结构的优化调整

产业结构优化有三个重要表现：一是产业水平高端化。它要求产业组织沿着产业链和价值链向高端攀升，对港航物流产业而言就是要培育港口物流业的龙头企业、构筑第四方物流的高端优势、扩大对全球市场的影响力。二是产业结构均衡化。从港口物流角度来看，就是要求港口物流产业具有良好的产业生态和结构，既有领军型大企业，又有体系化、规模化的中小企业，同时产业的生产结构与就业结构也能够与之匹配。三是产业负载扩容化。对港航物流产业而言，就是提高物流枢纽的承载能力，比如加大经济腹地的地理纵深、提升港口物流的负载水平、加强产业的就业吸纳能力。从发展现状来看，我国的港口物流行业产业结构明显存在水平低端、结构失衡、负载能力有限等不足，阻碍了港航物流产业的发展。

第二节　海铁联运的功能提升

一、海铁联运物流功能的提升

"一带一路"倡议将海铁联运的物流功能从运营层面提升到了战略层面。海铁联运战略的实施将使港航物流体系的经济腹地纵深进一步延伸到亚欧大陆桥的内部，大幅度提升港航物流的效率，使现有沿海枢纽大港的物流负载能力实现几何级数增长。以宁波舟山港为例，宁波舟山港发展集装箱海铁联运正面临着难得的战略提升机遇期。首先，国务院明确长三角要建设成为亚太地区重要的国际门户，并把大力发展现代物流业放在发展现代服务业的首要位置，这对宁波舟山港而言是一次难得的发挥港口优势、大力发展集装箱海铁联运、促进现代物流发展的历史机遇。其次,根据 2007 年《综合交通网中长期发展规划》,宁波被列为全国性综合交通枢纽 42 个节点城市之一;根据国家《中长期铁路网规划》,宁波将成为国家铁路网中的重要枢纽。再次,铁路部门和宁波市政府签署了关于加快宁波地区铁路建设与发展的会谈纪要,铁路部门明确提出要支持宁波大力发展海铁联运,把宁波打造成内陆货运的重要出海口。

二、海铁联运经济功能的提升

海铁联运的经济功能可以通过三方面的一体化进程,实现区域经济增长目标。

(一)港航一体化

港航一体化是将港口的资源要素与国际市场中重要的船公司绑定,形成港口与船公司之间长期稳定的合作机制。从现有的港航运营格局来看,海铁联运可以为港口企业带来巨大的发展潜力和市场空间,可以为港口企业提升与船公司的一体化合作创造更多有利条件。

(二)港产一体化

港口与临港产业的发展密切相关。海铁联运战略的布局和实施将有助于推动临港产业的结构优化,在更高的层次上实现港产一体化发展目标。

(三)港产城一体化

港口与所在腹地城市之间存在着互为依托、相辅相成、共同发展的关系。港口是城市发展的引擎,腹地城市是港口发展的动力依托。在海铁联运战略下,新的港城关系要求港口和腹地之间具有高度的协同性、整合度和一体化。

在海铁联运发展战略背景下,港产城一体化发展不仅需要单个港口和依托城市实现港产城一体化发展,同时也需要实现地区内港口群、临港产业群和城市群的一体化发展,并将海铁联运基础设施辐射地区的港口群、铁路网和临港产业群融入区域交通发展、产业联动发展和城市群建设中,助力区域间协调发展,实现一体化进程。

三、海铁联运国防功能的提升

海铁联运的国防战略功能包括三个方面:一是战略贯通功能;二是战略投送功能;三是战略储备能力。

(一)战略贯通

随着中国经济的全方位崛起,以及铁路网络建设的大发展,多条用钢铁筑成的物流"新丝路"蜿蜒四伏,它们在东西南北四个方向上构成了中国与世界实现经济联通的大动脉,不仅有力地带动了中国内陆和西部地区的对外贸易发展,而且深刻改变了中国在世界贸易格局中的地位。这种基于铁路网络形成的战略贯通格局在国防战略上也具有重要的价值和意义。它可以保证国家安全战略在辽阔的国土和海洋之间形成无缝链接,为国防力量的战略机动提供了真正全覆盖的交通基础条件。根据全国流通节点城市布局规划的总体设计,我国已经形成了南北纵横的流通网络。在现有的交通网络布局中,海铁联运将会进一步提升战略贯通的能力,实现陆路和海路的顺畅转换。

(二)战略投送

战略投送是指一国战略军事力量和资源利用综合交通运输方式,实现在地理空间上的远程、快速、立体部署。我国传统的国防战略是国土内防卫战略,战略军事力量的投送以海岸和近海为限。因此,海陆联通功能助力战略投送的作用有限。但是,随着中国经济的发展和贸易扩展,海外经济利益规模和流动居留人口规模都在不断增长。增强国防实力,保卫越来越重要的海外利益成为不可移易的趋势。在这一战略投送的交通体系中,连接海陆的海铁联运物流模式将会发挥越来越重要的作用。

(三)战略储备

战略储备是指国家为了应对战争和其他意外情况,保障国民经济正常运行和国防需求,在平时有计划地建立一定数量的物资、能源等方面的储存或积蓄。大规模战略物资的储运需要战略运输能力与之相匹配。海铁联运物流模式在战略储备功能的实现中发挥着越来越重要的作用。也就是说,许多战略物资的储备都布局在沿海地带,并且要尽量凭借大型枢纽港的物流能力来实现空间转移和驻点储备。以石油为例,国家首批选定的国家石油储备基地有四个:镇海(浙江省宁波市)、岱山(浙江省舟山市)、黄岛(山东省青岛市)、大连(辽宁省大连市)。

第三节 发展海铁联运的基本任务

一、构建大纵深的海陆联通格局

按照"一带一路"倡议的发展理念和蓝图,发展海铁联运可以实现丝绸之路经济带和21世纪海上丝绸之路在地理空间上的海陆联通,从而构筑一个功能各异、循环相通的全球贸易环流。这一庞大的贸易环流将中国经济的三大引擎——京津冀经济区、长三角经济区、珠三角经济区,与亚欧大陆经济腹地紧密地联通起来,实现国际贸易在地理空间上的大纵深拓展和全区域覆盖,进而实现"海进陆出,陆进海出"的互联互通的发展目标。

二、打造大联通的多式联运体系

跨越亚欧大陆这样遥远的空间距离需要采用最优的多式联运模式,既能够实现高效的物流功能,提高经济效益,又能够拓展优势产能和技术,同时还需要兼顾节能减排的刚性约束。海铁联运是联通海洋运输、内河运输、公路运输、铁路运输等多种运输方式的最优方案之一,可以有效地与其他运输方式进行优势互补,从而打造出一个具有集约高效、节能减排、柔性转换等特点的大联通的多式联运体系。

三、推动大发展的港产城一体化

港产城一体化发展的理想模式需要海陆两个地理纵深空间的支撑,需要高效的物流运输模式满足港产城集聚发展的物流需求。但是,在传统的海公联运、海河联运等多式联运模式下,经济腹地的地理纵深有限,导致"陆不及海,海不及陆"的发展困境,制约了港产城一体化发展的进程。发展海铁联运可以率先突破传统发展模式的桎梏,将中国经济的三大引擎——京津冀经济区、长三角经济区、珠三角经济区的经济腹地延伸到万里之遥,有利于加快孕育出港产城一体化大发展的样本。

第四节　海铁联运的基本原则

海铁联运的设计、规划和实施,应当遵循以下三个基本原则。

一、海陆结合原则

海陆结合原则,是指海铁联运实现了海洋和陆地的无缝链接,使得海洋不再是陆地的终结,陆地不再是海洋的末端,海陆互为地理纵深。在"一带一路"倡议的布局中,丝绸之路经济带和 21 世纪海上丝绸之路通过海铁联运真正实现了地理空间上的耦合,真正实现了"一带一路"所倡导的"海陆并重"的发展理念。

二、聚焦发展原则

我国东部沿海地区有着丰富的岸线资源,港口星罗棋布。但是海铁联运基础设施的布局无法做到"撒胡椒面式"的无差别发展,只能依靠布局上的聚焦、资源上的整合、政策上的协同。因此必须在东部沿海港口中实现差别化的错位发展,做到重点突出、轻重有别,将有限的资源优先向重点布局的港口和铁路基础设施集聚,大力提升海铁联运在道路互联互通中的积极作用。

三、进退有据原则

"一带一路"倡议是把海路和陆路整合在一起的全局性发展蓝图。在当前的全球经济竞争博弈中,海铁联运可以实现丝绸之路经济带和 21 世纪海上丝绸之路两个贸易环流的无缝链接,对保障国际贸易稳定发展起到重要的支撑作用,它承载着确保商路通畅、物资流动无碍的重任。一旦出现某种意外冲击导致海上贸易通道出现阻滞,海铁联运的战略功能和战略价值将得到充分的显现。

第五节　海铁联运发展的工作重点

海铁联运发展的工作重点可以从规划、建设、运营和保障四个方面来厘定。

一、海铁联运多式运输的总体规划

发展海铁联运的第一个工作重点是由国家发改委主导，以有条件发展海铁联运的港口、物流企业为基础，会同铁路部门、海关部门、检疫部门等参与主体，组成多部门协同体系，以"一带一路"倡议的发展蓝图和理念为指导，共同制定海铁联运多式运输的总体发展规划。总体发展规划要厘清海铁联运发展的总体思路、框架、功能和布局等重大问题，为各地方、各部门、各企业参与海铁联运建设提供明确的指引。

二、海铁联运路网基础设施的建设

发展海铁联运的第二个工作重点是由具备发展条件的地方政府主导，会同港口部门、铁路部门和物流企业，通过各项建设要素的集聚，在目标港口区域内建设海铁联运路网和编组站基础设施，实现铁路线路入港、列车进港集疏运、港区内外多级编组等基本功能。海铁联运路网基础设施的建设需要从港产城一体化的角度全局统筹，实现海铁联运资源要素的集约化使用和高效率配置。

三、海铁联运运营监管体制的构建

海铁联运的发展触及现有一系列运营监管体制的调整和完善。

从功能上来讲,涉及铁路企业、海关部门、检疫部门、港航企业、货代企业等多个参与主体。海铁联运发展立足于"一带一路"倡议所倡导的广域均衡思想,要求各部门、各行业对立足于国内市场均衡的传统管理体制机制做出重大的调整和改革,适时转型到全球市场均衡的创新管理体制机制上来,以适应海铁联运对运营监管提出的便利性、经济性和效率性要求。

四、海铁联运平稳运行的制度设计

海铁联运作为具有强烈公共外溢性的准公共物品,可以在市场机制下发挥对海陆联通的资源优化配置功能,提升货物物流效率,促进国际贸易发展。但其公共外溢性背后正的外部效应必须由政府通过经济制度的顶层设计,实现海铁联运在经济上的平稳运行和良性发展。为此,应当在制度设计之初,坚持"政府引导,多方参与,自主经营,市场运作,政策支持,利益补偿,互利共赢,良性循环"的原则,通过市场机制和政府调控两种手段的合理搭配使用,实现平稳运行的目标。

第五章

海铁联运港口的布局和优选

第一节 海铁联运港口布局的视角调整

基于"一带一路"倡议描绘的蓝图,海铁联运物流模式的发展需要从三个层面进行重大调整和布局,以适应国际政经环境的发展变化,在把握机遇的同时,能够有效应对各种挑战。

一、全球视角的调整

海铁联运物流模式面临的全球发展环境发生了重大的变化。"一带一路"倡议框架的确立,标志着长期以来"弃陆向海,政策倾斜"的发展思路向"海陆并重,平衡发展"的发展思路转型。由此,海铁联运物流模式从辅助性的物流模式急剧地转化为支柱性的物流模式,发挥的功能也从单纯的提升经济效率,转变成为增强全球竞争力。

二、国内视角的调整

在铁路基础设施的建设上,传统的铁路路网布局通常都将内陆的交通枢纽城市作为路网的地理中心,而将沿海地区作为铁路路网的终点或支点。这种"重陆轻海,结构偏重"的格局需要做出重大的结构调整,通过海铁联运物流模式的应用,实现"陆海贯通,协同发展"的目标。

三、区域视角的调整

从区域经济地理关系来看,传统的港航物流产业发展采取的是

"国家政策引导，地方自主发展"的模式，导致在港口发展上存在一定程度的"各自为伍，无序竞争"。在"一带一路"倡议下，区域发展模式也需要做出重大的调整，海铁联运物流模式具有资本密集和技术密集的双重特征，需要区域内港口间改变"各自为伍，以邻为壑"的竞争化策略，向"强强联手，合作双赢"的合作策略转型。

为响应"一带一路"倡议的号召，全国主要港口纷纷开展海铁联运，各地区枢纽城市纷纷开行中欧班列，可以看出基于全球视角的经济和贸易均衡理念正在逐步普及，并演化成各地方政府、企业和市场主体的自觉意识。全国开通中欧班列的情况见表5.1。

表5.1　2011—2015年全国开通中欧班列情况

班列名称	开通时间	起止线路	途经国家和地区	终点站
渝新欧	2011年3月19日	重庆—新疆—西欧	中国、哈萨克斯坦、俄罗斯、白俄罗斯、波兰、德国	德国杜伊斯堡
义新欧	2014年11月18日	义务—新疆—西欧	中国、哈萨克斯坦、俄罗斯、白俄罗斯、波兰、德国、法国、西班牙	西班牙马德里
郑新欧	2013年7月19日	郑州—新疆—西欧	中国、哈萨克斯坦、俄罗斯、白俄罗斯、波兰、德国	德国汉堡
甬新欧	2014年8月28日	宁波—新疆—西欧	中国、中亚、中东欧	中亚、中东欧
汉新欧	2012年10月24日	武汉—新疆—西欧	中国、哈萨克斯坦、俄罗斯、白俄罗斯、波兰、捷克、德国	德国杜伊斯堡
厦新欧	2015年8月16日	厦门—满洲里—西欧	中国、哈萨克斯坦、俄罗斯、白俄罗斯、波兰	波兰罗兹
粤满俄	2015年12月25日	广州—满洲里—俄罗斯	中国、俄罗斯	俄罗斯莫斯科

班列名称	开通时间	起止线路	途经国家和地区	终点站
苏满欧	2013年9月30日	苏州—满洲里—西欧	中国、俄罗斯、波兰	波兰华沙
蓉新欧	2013年4月2日	成都—新疆—中欧	中国、哈萨克斯坦、俄罗斯、白俄罗斯、波兰	波兰罗兹
辽满欧	2015年4月29日	大连—满洲里—西欧	中国、俄罗斯、波兰、德国	德国杜伊斯堡
辽满欧	2014年10月18日	营口—满洲里—西欧	中国、俄罗斯、白俄罗斯、波兰、斯洛伐克	斯洛伐克多布拉
津满欧	2008年6月	天津—满洲里—俄罗斯	中国、俄罗斯	俄罗斯莫斯科
湘满欧	2014年11月7日	长沙—满洲里—西欧	中国、俄罗斯、波兰、德国	德国杜伊斯堡
青新欧	2015年7月1日	青岛—新疆—西欧	中国、哈萨克斯坦、俄罗斯、白俄罗斯、波兰、德国	德国汉堡

第二节　海铁联运港口的功能类别划分

一、海铁联运港口分类的必要性

在对港口功能进行分类时,有多种分类标准。比如,按照港口规模,可以将港口分为特大型港口(年吞吐量＞3000万吨)、大型港口(年吞吐量为1000万～3000万吨)、中型港口(年吞吐量为100万～1000万吨)及小型港口(年吞吐量＜100万吨)。按照航运经济定位,可以将港口分为两类,即母港和喂给港。母港是指国际性或地区性的枢纽港,往返于母港之间的航线大多是国际性的远洋航线或近洋航线,例如我国的香港港、上海港、深圳港。母港与产业腹地之间往往有较远距离,而且所有的货源也不可能都集中在母港附近。位于产业腹地的内河或沿海小港口便承担起喂给港的角色。按照港口国际化程度,可以将港口分为国际贸易港和国内贸易港。而国际航运中心则是一个功能性的综合概念,是融发达的航运市场、丰沛的物流、众多的航线航班于一体,以国际贸易、金融、经济中心为依托的国际航运枢纽。截至 2015 年,国家确定的国际航运中心有上海、大连、天津、厦门、广州五个城市。① 在现有的多维港口分类角度下,是否还有必要研究海铁联运发展框架下的港口分类?课题组认为,"一带一路"倡议是一个创新的国际发展理念,在这一创新发展理念的视角下,传统的观点和理念都面临调整和完善的要求。因此,从海铁联运发展的视角重新审视沿海港口的功能定位,仅从海铁联运基础设施布局的角度而言,就非常必要了。

二、海铁联运港口的功能分类

当前,海铁联运物流模式已上升为影响国家战略发展的重要模式,解决铁路进港和货物集疏运问题是当务之急。由于轨道交通基础设施自身的特性与公路运输存在较大差别,必须在规划布局前对港口进行分类和遴选。按照"重点突出,功能匹配,布局合理,协同发展"的原则,课题组提出海铁联运倡议下的三种功能性港口。

---

①参见《国务院关于推进上海加快发展现代服务业和先进制造业建设国际金融中心和国际航运中心的意见》(国发〔2009〕19 号)、《国务院关于进一步实施东北地区等老工业基地振兴倡议的若干意见》(国发〔2009〕33 号)、《国务院关于天津北方国际航运中心核心功能区建设方案的批复》(国函〔2011〕51 号)、《国务院关于厦门市深化两岸交流合作综合配套改革试验总体方案的批复》(国函〔2011〕157 号)、《中国(广东)自由贸易试验区总体方案》(国发〔2015〕18 号)。

(一)海铁联运战略枢纽港

所谓战略枢纽港,是指港口要承担海铁联运倡议的战略功能。这里所指的战略功能涵盖了物流功能、经济功能和国防功能。选择的标准和依据,是从国家战略的高度来综合考虑的。

(二)海铁联运中心区位港

所谓中心区位港,是指港口所在城市是中心城市,承载着大体量的人口、产业和城市功能,需要有规模匹配的海铁联运基础设施布局来实现经济上的目标。一般只考虑物流功能和经济功能。

(三)海铁联运特色功能港

所谓特色功能港,是指港口承担比较专一的物流功能,比如煤炭、铁矿石、原油专用港。此类港口的海铁联运基础设施的布局主要考虑的是物流功能。

第三节　海铁联运港口布局的影响因素

对海铁联运港口布局影响因素的分析,具有一定的创新性,因为几乎没有可资借鉴的现成资料。课题组认为,除了地缘区位是影响港口布局的重要因素以外,港口周边的产业经济发展实力和潜力也是评价港口布局是否成功的重要依据。为了从微观到宏观全面地反映港口实力,课题组主要从港口的物流实力、产业基础条件和区域发展水平这三个方面进行考虑。因此,影响海铁联运倡议下港口布局的因素主要包括地理地缘禀赋、港口物流实力、产业综合实力和区域发展水平四个方面。

一、地理地缘禀赋

地理地缘禀赋是指港口在地理形制和地缘政治中所具有的资源禀赋,它体现在以下两个方面。

第一,自然禀赋,可以用江河流域和陆海地缘的地理形制指标来体现。江河流域指标主要看港口城市是否处于大的江河流域;陆海地缘指标是分析港口在局域、中域和广域三个视域下的陆海区位优势。

第二,社会禀赋,一般用经济腹地、贸易格局和国防风险指标来衡量。所谓经济腹地指标,是指半径为 300~500 公里的经济腹地的综合经济实力;国防风险指标,是指港口承受国防安全风险的能力;贸易格局指标,主要分析港口贸易类型是强输入贸易、强输出贸易、中转型贸易和平衡型贸易中的哪一种。

二、区域发展水平

区域发展水平主要评价港口所在区域的综合发展实力,一般从地区生产总值、人口、人均收入、城市化水平、城市竞争力和科技竞争力等六个指标来反映。地区生产总值指标反映港口所在城市的地区生产总值;人口指标就是港口所在城市的人口规模;人均收入指标反映港口所在城市的人均收入水平;城市化水平、城市竞争力和科技竞争力指标分别反映港口所在城市的城市化、城市竞争力和科技竞争力的量化水平。

三、产业综合实力

产业综合实力指标主要从产业的中观层面反映港口所在城市的产业发展状况和为港口发展提供的基础条件,具体由港口所在城市

的产业产值、产业门类数量、企业数量和全社会投资规模这几个经济
指标来衡量。产业综合实力是港口长足发展的基础条件，反过来也
是港口发展状况的具体体现。

四、港口物流实力

港口物流实力，具体体现为港口的经济条件和港口的物流硬件
条件，包括港口吞吐规模、港口集装箱周转能力、港口自然条件、公路
密度、铁路密度、物流就业规模和物流产业产值等七个指标。港口吞
吐规模就是港口货物吞吐量；港口集装箱周转能力是指港口集装箱
的周转量；港口自然条件是从深水岸线资源、港区空间纵深和港区泊
位等方面衡量；物流就业规模是指港口物流吸纳的从业人员的规模；
物流产业产值是指港口物流产业贡献的生产总值。

第四节　海铁联运港口布局的评价体系

一、海铁联运倡议下港口布局评价方法的选择

评价区位优势的方法有以下三种。

第一种是定性研究方法，主要应用于没有量化数据支持的项目
绩效的判定，具体有主观判定法、专家经验法和头脑风暴法等。

第二种是定量研究方法，主要应用于具有丰富实践经验和充足
数据支持的项目绩效的判定，具体有数据包络法、系统动力学方法和
系统仿真模拟方法等。

第三种是定性定量相结合的研究方法，主要应用在具有一定实
践经验和量化数据支持，但量化数据的范围和总量还不足以支持

完全的定量研究的研究领域,在方法上采用定性研究方法和定量研究方法相结合的模式来取长补短,实现对研究对象的绩效判定,具体的方法有层次分析法(层次分析法)和 ABC 分类分析法等。

本章主要研究海海铁联运倡议下港口布局的评价,因其所研究的对象和领域的地域性和创新性较强,因此,相关部门所能提供的量化信息非常有限,许多重要的指标还需要通过定性的研究方法给出判断。另外,港口布局问题尽管具有一定的普遍性,但具体到港口的区位、地缘、禀赋等,相关指标缺乏横向间的可比性。基于以上理由,本部分研究将选取与现有研究和数据基础相适应的定性定量相结合的方法,具体限定层次分析法。

二、海铁联运倡议下港口布局评价的研究过程

课题组通过指标初选、专家咨询两个阶段对海铁联运倡议下港口布局进行了研究,通过向有关专家咨询,明确了研究方向与思路,制定出具体的可操作性较强的枢纽港布局考评体系,并进行了实证检验。

第一,评价指标选取。借鉴国内外相关研究成果,课题组在分析影响海铁联运倡议枢纽港布局的因素的基础上,把评价指标选定为 4 个一级指标、24 个二级指标,最后汇总得出总体评分。

第二,专家意见咨询。课题组邀请业内专家,对拟选的客观性评价指标和主观性评价指标及评价方法进行评价,通过层次分析法(AHP)获得了最终的海铁联运倡议枢纽港布局的评价指标体系及其权重。

第三,体系构建完成。根据专家意见,课题组进一步明确了海铁联运倡议枢纽港布局的评价指标体系,并制定了评价指标的设置说

明,为修订和完善港口布局评价方案提供理论支持和决策参考。

本课题的研究技术路线(见图5.1)从港口布局评价的目标分析入手,按照定性和定量相结合的方法构建指标体系,咨询专家后运用层次分析法确定指标的权重,建立绩效评价标准。

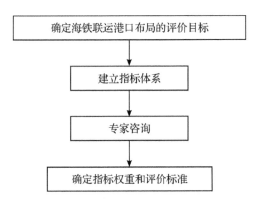

图5.1　海铁联运港口布局的评价研究框架

三、指标构建和数据来源

(一)指标的结构体系

海铁联运港口布局的评价,因其所研究的对象和领域的地域性、研究角度的创新性较强,因此具有一定的难度。课题组在查阅文献资料的基础上,应用工作分析法和经验总结法,采用层次分析方法,归纳出下列层次结构体系:一是目标层,将海铁联运港口评价综合指数作为总目标层,来综合反映海铁联运港口的布局优劣。二是准则层,根据评价主体确定的评价重点,采用定性和定量相结合的评价方式选取地理地缘禀赋、区域发展水平、产业综合实力和港口物流实力作为一级指标层。三是指标层,4个一级指标各由可直接度量的若干二级指标构成。

（二）指标体系的构建

课题组选取以下 24 个二级指标作为海铁联运港口布局指标层评价指标（见表 5.2）。

表 5.2　海铁联运港口布局的评价指标层及评价指标

	一级指标	二级指标
海铁联运倡议下的港口布局评价体系	地理地缘禀赋	江河流域
		陆海地缘
		经济腹地
		国防风险
		贸易格局
	区域发展水平	地区生产总值
		人口规模
		人均收入
		城市化水平
		城市竞争力
		科技竞争力
	产业综合实力	第一产业产值
		第二产业产值
		第三产业产值
		产业门类
		企业数量
		投资规模
	港口物流实力	港口吞吐规模
		港口集装箱周转能力
		港口自然条件
		公路密度
		铁路密度
		物流就业规模
		物流产业产值

四、统计数据的来源

课题组通过历年《中国港口统计年鉴》《中国交通统计年鉴》《中国物流统计年鉴》《第三产业统计年鉴》《中国统计年鉴》，以及各地区统计年鉴、政府统计公报等年鉴及政策性文件中披露的相关数据，对港口布局进行评分。

五、海铁联运港口布局的评价方法

在海铁联运倡议下的港口布局评价体系中，不同指标的特性和内涵不同，因此各指标对港口布局的重要性也有所不同。按照层次分析法，把指标中各因素的因果关系分成若干层次，课题组邀请对海铁联运有一定研究的专家组成专家组开展讨论和评分，确定指标体系。下面具体说明层次分析法的应用步骤。

(一)确立思维判断定量化的标度

确立思维判断定量化的标度，即对相关指标的相对重要性进行评估赋分（评分标准采用 T. L. Saaty 层次分析法中的九分位标度评分标准），构造判断矩阵。层次分析法在对指标的相对重要程度进行测量时，一般按照心理学的要求引入九分位的相对重要的比例标度，构成一个判断矩阵 A，矩阵 A 中各元素 B_{ij} 表示横行指标对各列指标 B_i 的相对重要程度的两两比较值（B 为 A 的下一级指标）。九分位标度评分标准见表 5.3。

表 5.3　层析分析法的九分位标度评分标准

对比分值	相对重要程度说明
1	同等重要，行指标与列指标贡献相同
3	略微重要，行指标贡献程度略微大于列指标

续表

对比分值	相对重要程度说明
5	相当重要,行指标贡献程度大于列指标
7	明显重要,行指标贡献程度明显大于列指标
9	绝对重要,行指标贡献程度绝对大于列指标
2,4,6,8	两相邻程度的中间值,折中时采用的分值

(二)构造判断矩阵

运用两两比较的方法,对各相关元素进行两两比较评分,根据中间层的若干指标,可得到若干两两比较判断矩阵。设共有 k 个专家参与指标权重系数确定。设第 x 个专家认为第 i 个指标相对于第 j 个指标的相对重要性为 $B_{ij}^x(x=1,2,\cdots,k)$,则共给出 k 个形状如下的判断矩阵。

$$A_x = \begin{bmatrix} B_{11} & \cdots & B_{1i} & \cdots & B_{1n} \\ \vdots & & & & \vdots \\ B_{i1} & & B_{ii} & \cdots & B_{in} \\ \vdots & & & & \vdots \\ B_{n1} & & B_{ni} & \cdots & B_{nn} \end{bmatrix}$$

当各专家给出的判断矩阵一致性较差,即对某两个指标相对重要性的判断差距较大时,就需要由专家对其进行重新协商和判断。当所有的 B_i 和 B_j 的相对重要性系数都按要求给定后,就将 k 个专家的意见按下述方法进行综合:

当 $B_i < B_j$ 时,取各专家判断值的算术平均值,即

$$B_{ij} = \frac{k}{\sum_{x=1}^{k} B_{ij}^x}$$

当 $B_i > B_j$ 时,取各专家判断值的调和平均数,即

$$B_{ij} = \frac{k}{\sum_{x=1}^{k} B_{ij}^x} = - = \frac{k}{\sum_{x=1}^{k} B_{ij}^x}$$

当 $B_i = B_j$ 时,取 $B_{ij} = 0$。

这样就得到综合了 k 个专家意见的判断矩阵。根据判断矩阵 A 中指标两两比较的特点,可得 $B_{ij} > 0, B_{jt} = 1, B_{ij} = 1/B_{jt}, i = 1, 2, \cdots, n$。因此,判断矩阵 A 是一个正交矩阵,每次判断时,只需要进行 $n(n-1)/2$ 次比较即可。

(三)用规范列平均法(和法)计算各判断矩阵的特征向量

计算结果经归一化处理后即为下级各要素对上级某要素的权重,计算步骤如下。

第一步,将矩阵 A 的元素按列归一化,即

$$\overline{a}_{ij} = \frac{a_{ij}}{\sum\limits_{x=1}^{n} a_{ij}^{x}}$$

知矩阵 $\widetilde{A} = [\overline{a}_{ij}]$

第二步,求 $\widetilde{A}$ 各行和的平均值,即

$$\omega_i = \frac{1}{n} \sum\limits_{j=1}^{n} a_{ij}$$

向量 $W = (\omega_1, \omega_2, \cdots, \omega_n)^{\mathrm{T}}$,为所求权重向量。

第三步,计算矩阵 A 的最大特征值 $\lambda_{\max}$,即

$$\omega_i = \frac{1}{n} \sum\limits_{j=1}^{n} a_{ij}$$

判断矩阵构成后,可以用 MATLAB6.5 等软件计算各指标判断矩阵 A 的最大特征值 $\lambda_{\max}$。

(四)检验矩阵的一致性

虽然在构造判断矩阵 A 时并不要求判断具有一致性,但判断偏离一致性过大也是不允许的。因此需要对判断矩阵 A 进行一致性检验。步骤如下。

根据公式 $CI = \dfrac{\lambda_{\max} - n}{n-1}$ 计算一致性指数,对判断矩阵进行一致性检验(n 为受检验层次的子目标数;$\lambda_{\max}$ 为判断矩阵 **A** 的最大特征值)。当 CI<0.10 时,说明该矩阵具有满意的一致性,该层次各指标所赋予的权重系数是可以接受的。根据公式 CR=CI/RI 计算判断矩阵的随机一致性比率 CR,其中 RI 为判断矩阵的平均随机一致性指数值。当 $n=1,2,\cdots,9$ 时,Saaty 给出了 RI 的值,见表 5.4。

表 5.4　1—9 阶平均随机一致性指数 RI 的取值

阶数	1	2	3	4	5	6	7	8	9
RI	0.00	0.00	0.58	0.90	1.12	1.24	1.32	1.41	1.45

当 CR<0.10 时,说明该判断矩阵具有满意的一致性,该层次各指标的权重系数是合乎逻辑的,可以采用。利用该方法可以获得每个层次中各项目指标的权重系数,通过一致性检验后,得到不同层次的权重系数。

根据上述方法,本课题指标层和各指标权重结果见表 5.5。对于不能采用层次分析法确定权重的一级指标,综合专家的意见,判定为地理地缘禀赋指标占 40%的权重、区域发展水平指标占 20%的权重、产业综合实力指标占 20%的权重、港口物流实力指标占 20%的权重。

表 5.5　港口布局评价指标层和各指标权重

	一级指标	二级指标	分层权重	综合权重
海铁联运倡议下的港口布局评价体系	地理地缘禀赋 (0.400)	江河流域	0.250	0.100
		陆海地缘	0.300	0.120
		经济腹地	0.090	0.036
		国防风险	0.280	0.112
		贸易格局	0.080	0.032

	一级指标	二级指标	分层权重	综合权重
海铁联运倡议下的港口布局评价体系	区域发展水平 (0.200)	地区生产总值	0.250	0.050
		人口规模	0.130	0.026
		人均收入	0.140	0.028
		城市化水平	0.150	0.030
		城市竞争力	0.200	0.040
		科技竞争力	0.130	0.026
	产业综合实力 (0.200)	第一产业产值	0.100	0.020
		第二产业产值	0.250	0.050
		第三产业产值	0.250	0.050
		产业门类	0.100	0.020
		企业数量	0.200	0.040
		投资规模	0.100	0.020
	港口物流实力 (0.200)	港口吞吐规模	0.200	0.040
		港口集装箱周转能力	0.150	0.030
		港口自然条件	0.180	0.036
		公路密度	0.120	0.024
		铁路密度	0.140	0.028
		物流就业规模	0.100	0.020
		物流产业产值	0.110	0.022

(五)港口布局评价分析结果的判定标准

最后,根据指标体系进行总体评价。具体的程序为:评价主体或评价小组根据资料以及调研情况等输入要素,对各港口布局给予赋分,然后求均数作为项目的总体评价得分。上海港、宁波港、连云港等样本港口综合评价得分的高低体现了港口不同类别及差异。综合评价得分计算公式如下:

$$Q = \sum_{i=1}^{n} P_i W_i$$

式中,Q 为目标港口布局综合评价得分;P_i 为各评价指标绩效得分;

W_i 为各评价指标综合权重;n 为参与评价的评价指标个数。计算出各港口的综合得分后,按照表 5.6 的评价标准对评价对象的绩效进行类型判定,并给出评价结果。

表 5.6　海铁联运功能综合评价标准和评价结果

评价标准水平	评价结果
综合评价得分＞95 分	战略枢纽港
85＜综合评价得分≤95 分	中心区位港
70＜综合评价得分≤85 分	功能特色港
综合评价得分≤69 分	不入围港口

课题组为了验证评价方法的结果,按照战略枢纽港、中心区位港和功能特色港的分类,选取了三个典型港口进行测算检验,其结果与课题组指标设计的理念基本符合,说明课题组提出的评价指标体系具有科学性、客观性和适用性。课题组认为,该评分体系能够科学地反映样本港口在海铁联运功能的类别属性,为科学布局提供依据,具体见表 5.7。

表 5.7　上海港、宁波港、连云港的海铁联运布局得分情况

一级指标	二级指标	上海港	宁波港	连云港港
地理 地缘 禀赋 (0.40)	江河流域	10.0	10.0	9.0
	陆海地缘	12.0	12.0	9.6
	经济腹地	2.9	2.9	2.2
	国防风险	3.4	11.2	9.0
	贸易格局	2.9	3.2	1.9
区域 发展 水平 (0.20)	地区生产总值	5.0	4.8	3.5
	人口规模	2.6	2.3	1.6
	人均收入	2.8	2.8	2.0
	城市化水平	3.0	2.9	2.1
	城市竞争力	4.0	3.6	2.4
	科技竞争力	2.6	2.5	1.8

一级指标	二级指标	上海港	宁波港	连云港港
产业 综合 实力 (0.20)	第一产业产值	1.2	2.0	1.6
	第二产业产值	5.0	5.0	3.0
	第三产业产值	5.0	4.8	3.5
	产业门类	2.0	1.9	1.4
	企业数量	4.0	3.6	2.8
	投资规模	2.0	1.8	1.4
港口 物流 实力 (0.20)	港口吞吐规模	3.2	4.0	2.8
	港口集装箱周转能力	3.0	2.9	1.8
	港口自然条件	2.2	3.6	2.5
	公路密度	1.9	2.2	1.9
	铁路密度	1.1	2.8	2.0
	物流就业规模	2.0	1.9	1.6
	物流产业产值	2.2	2.0	1.8
合计		85.9	96.4	73.0

从评分结果可以看出,宁波港的综合分值>95 分,是海铁联运战略枢纽港;上海港的综合分值>85 分,是中心区位港;连云港的综合分值>70 分,是功能特色港。不同类别港口应按照不同的海铁联运功能定位进行布局和发展。

第六章

发展海铁联运的体制机制创新

第一节　港城空间布局和建设管理体制的创新

一、港城空间布局和建设的发展现状

2001 年的港口管理体制改革最主要的方面就是"政企分开,下放地方",并取得了巨大的成就。同年,我国加入世界贸易组织,外向型经济的发展水平和对外贸易水平都步入了迅猛发展的黄金阶段。港口管理体制改革及时消除了体制障碍,提前完成了起跑加速阶段的准备工作,将管理权限"下放地方",极大地调动了地方政府建设港口的积极性,港口基础设施加快建设,较好地适应了经济发展对水运运输迅猛增长的需求。

随着中国经济和港航物流的快速发展,结构性转型的压力也逐步显现出来。港口管理体制改革的创新红利逐渐耗尽,一些阻碍港产城一体化发展的因素开始受到关注。重点可以总结为以下三个方面。

第一,中央缺乏对地方体制改革的调控和指导,各地港城发展的形式和效果差异较大。港口是国家的战略性资源,不仅涉及地方经济发展,而且关系区域经济发展乃至全国经济发展的大局。港口下放到地方后,虽然建港和经营的主导权在地方,但港口发展不是一城一地的概念,而是全局统筹的问题。特别是在"一带一路"倡议下,港口更成为国家竞争力的重要载体和支撑力量。国家利益和地方利益发生冲突时,需要中央和地方高度协同,共同指导地方港口建设发展,更好地服务国家战略和区域经济。

第二,地方政府指导港口发展作用不强,过于迁就企业利益,港口下放地方后,港口发展空间被条块分割。一些地方政府在考虑本区域港口发展时通常只会站在局域均衡的理性视角,难以上升到中域甚至全域均衡的理性高度考虑港口经济的发展。由于对港口发展认识的局限性,地方政府对港口发展的指导容易造成资源浪费。比如在港口建设过程中过于迁就大企业利益,允许大企业圈占最好的岸线和土地空间,本应布局公共基础设施的空间被少数大企业垄断占用,其他港口企业甚至政府也难以协调,既造成了港口资源的巨大浪费,又严重制约了港产城一体化发展的进程。

第三,港口是城市发展要素的集聚载体,一些地方政府没有树立正确的政绩观,过度青睐围港建城、以城侵港的港城发展模式。如一些地方政府依托港口经济所带来的城市产业联动发展的外部效应,不顾港口基础性产业特征,急于将港口经济的发展红利转化为土地效益。通过圈港建城,短期内实现土地增值效益的最大化,将宝贵的港口拓展空间让渡给其他行业,严重压缩了港产城一体化发展空间,大幅度提高了港口基础设施布局和建设的成本。国内比较典型的有大连港、青岛港、天津港,它们都面临着港口发展空间有限、城市格局局促的发展窘境,这与欧美大港大都保留一定发展空间的策略形成鲜明的反差。

二、港城空间布局和建设的管理需求

海铁联运战略枢纽港的发展已经完全跳出了传统"海港"的概念,形成海港、河港、陆港等交通枢纽一体化发展的"枢纽型大港口"新概念。理论与实践共同揭示,港产城一体化的发展要充分发挥拥有的比较区位优势和经济地理优势,以海港、河港、陆港等为枢纽,以铁路、水路、公路多式联运运输模式为主要发展方向,以铁路路网、桥梁隧道、公路路网、河道水网等为重要基础设施,突出多种交通模式的无障碍、无隔断、无短板的无缝链接,适应交通模式多样化、便捷化和一体化发展的大趋势;满足全球贸易对跨国贯通、经济高效、绿色环保的新需求,形成连通大纵深经济腹地的海铁联运体系;建立完善的战略性海陆联通的枢纽港口,形成连接世界和国内重要经济节点的现代化综合运输通道。港产城一体化对战略枢纽型大港口在港城空间布局和建设上提出了更高的要求,需要借鉴有世界影响力的战略枢纽型大港口城市和国家,重新审视和规划港城空间的布局和建设。

三、港城空间管理体制机制创新方向

港城空间管理体制机制创新的主体主要是定位为海铁联运战略枢纽港和中心区位港的港口所在城市。如果要通过提升铁联运基础设施布局和建设实现海铁联运集疏运功能的提升,需要对区域内的海铁联运基础设施和物流功能进行一体化整合。对港口发展空间进行拓展有两个方向:一是通过陆桥建设向深水港区延伸码头基础设施,配套进入码头的还有铁路路网和编组场战设施;二是在现有港区外进行空间拓展,为环港铁路路网的布局提供基础建设空间。如果空间拓展的成本可控,则可以实现基础设施布局和建设的地面覆盖;如果空间拓展遇到已有城市布局的限制,且空间拓展的成本过高,可以考虑学习美国"阿拉米达运输走廊"模式,通过一系列的桥梁、地下通道和高架道路,特别是地下通道的建设避免列车通过时造成路面交通堵塞。港城空间管理体制机制创新需要地方政府和港口运营企业高度协同,改革创新现有港城空间管理体制中的不利制度设计,为海铁联运的发展创造条件。

第二节 海铁联运集疏运协同管理体制的创新

一、海铁联运集疏运协同系统的发展现状

在海铁联运集疏运体系中,铁路集装箱运输具备快速、高效的特点,便于装卸、中转作业,十分利于开展"一站式、门到门"的运输服务。十多年来,尽管我国集装箱运输总量急剧增长,但就集装箱铁路运输发展而言,其增长趋势平缓,增长速度远远滞后于公路和水运。据统计,虽然集装箱铁路运量呈现缓慢增长的态势,但集装箱铁路运输年运量在全国集装箱总运量中所占比重却连年持续下滑,从 2003 年的 9.03% 下降到了 2010 年的 4.25%。[①] 即便是最近几年兴起的海铁联运集装箱业务,其占所在港口集装箱业务的比重也微乎其微。究其原因,主要是传统的铁路管理体制与现代铁路货运市场需求之间的错位不断加剧。铁路部门受传统管理体制的束缚,已经很难适应当下货运市场对铁路运输的期望,体制僵化、自然垄断、产权不清、激励失灵等一系列问题成为倒逼传统铁路管理体制改革的主要力量。海铁联运作为一种极具发展潜力的多式联运方式,可以为铁路管理体制改革探索创新的路径,将海铁两种规模化、集约化的运输方式的优势充分发挥出来,打造出能够支撑国家发展战略的海铁集疏运协同系统。

二、海铁联运集疏运协同系统的发展要求

海铁集疏运协同系统的发展对港口管理体制和铁路管理体制

[①]宋达宽.集装箱铁路运输定价与海铁联运补贴水平研究[D].大连:大连海事大学,2014.

间的协同提出了更高的要求。海铁联运集疏运协同系统不仅要负责从港口到铁路路网中的疏港作业,还需应海铁联运货运需求向港外延伸,通过铁路路网系统直至终端客户。因此,可以看到海铁集疏运系统的协同至少要考虑三个关键的协同环节:一是港内布局的铁路路网设施与港外铁路路网的联结问题;二是港外海铁联运列车的集结编组运营管理问题;三是海铁联运跨境货运业务的承担和管理。客观来看,传统的铁路管理体制在这三个关键的协同环节都存在较大的体制障碍,只有继续深化铁路管理体制改革,不断提升海铁集疏运系统的协同性,才能将海铁联运的多式联运优势充分发挥出来。

三、海铁联运集疏运管理体制机制的创新方向

课题组认为,尽管当前铁路管理体制改革已经在不断推进和深化,但也可以借鉴欧美铁路管理体制改革中普遍采用的"运网分离"模式,在有条件发展海铁联运,并且有充足货运需求的战略枢纽港或中心区位港开展试点工作,按照"运网分离,专业分工,公私合营,主体多元,市场运作,互利共赢"的基本原则来推进海铁联运试点地区或港口的铁路管理体制改革。其中,"运网分离,专业分工",即要求现有的运力和路网在产权上分割,形成专业化的行业内分工;"公私合营,主体多元",即允许市场资本投资经营海铁联运的货运业务,但要保证国有资本对国有产权的绝对控制,形成多元主体共同参与运营管理的新市场生态;"市场运作,互利共赢",即要求海铁联运的集疏运管理体制机制要以市场机制为核心,由市场主导产业的发展,充分发挥市场和政府两种资源配置手段的作用,共同实现海铁联运发展的绩效目标。

第三节　亚欧大陆桥贸易监督管理体制的创新

一、亚欧陆桥贸易监督管理发展现状

海铁联运不仅要在地理空间跨度达上万公里的大陆桥上穿行，更要在多国贸易监管体制间进行转换。海铁联运的运输能力将实现货物从港口向内陆腹地的快速流转，或是从内陆腹地向港口的快速流转，抑或是从大陆桥的东端向西端的远距离运输。在这个过程中，报关、检验、检疫等贸易监管职能都需要及时跟进，以确保海铁联运货物运输的便利性和及时性。目前最为便捷高效的模式就是无水港模式。无水港是内陆地区建立的具有报关、报检、签发、提单等港口服务功能的物流枢纽。在无水港内设置有海关、动植物检疫、商检、卫生等监督机构为客户通关提供服务。同时，货代、船代和船公司也在无水港内设立分支代办机构，以便收货、还箱，签发以当地为起运港或终点港的海铁联运提单。内陆的进出口商品在物流枢纽即可完成订舱、报关、报检的手续，将货物交给货代公司或船公司。这种"无水港"贸易监管模式以宁波港与杭甬线的萧山、绍兴、慈溪、柯桥和浙赣线的义乌、金华、衢州、上饶、鹰潭等地设立"无水港"最为典型。

二、亚欧陆桥贸易监督管理发展要求

在"一带一路"倡议规划的发展格局下，海铁联运呈现出大跨度的"南货北上，北货南下"格局，货运规模大，时效要求高，传统边境或港口贸易监管体制往往会"一货多检"，导致显性和隐性成本高企。宁波港通过与内地建设"无水港"群大大增加了货源，促进了宁波港的快速发展。2011年,宁波港集装箱吞吐量达1451.2万标准箱,其中50％以上的集装箱来自内陆的"无水港"。"无水港"物流运行时间,中部地区缩短了1—2天,西部地区缩短了3—4天,综合物流成本下降达20％以上。因此,为了提高贸易监管效率,实现监管流程与货运需求相匹配,需要贸易监管体制持续做出重大的优化和调整。

三、亚欧陆桥贸易监管体制机制的创新方向

目前国内各地区针对亚欧陆桥开展的贸易监管体制机制的创新开始逐步试点,比如除宁波港模式外,重庆在渝新欧班列运输中,采取一关通,即根据"安智贸"协议,从重庆海关上货至终点,沿线海关不再查验(中国只有上海、重庆、深圳获得安智贸资格);而蓉欧专列则采取EDI模式,即沿途国家通关EDI系统预先提交过境资料,采取"一次申报、一次查验、一次放行"的通关模式。课题组认为,宁波港推行的"无水港"物流枢纽模式是具有普适性,可以在海铁联运发展中进一步推进"沿线布局,依责授权,集约监管,一通到底"的贸易监管体制机制改革。

第四节　海铁联运市场化运营管理体制的创新

一、海铁联运物流体系市场化发展现状

当前海铁联运物流体系发展中,路、港、船、货等各环节自成一体,行业各自为伍,封闭式运作,信息共享和传递阻滞,导致运输效率低、物流成本高、资源环境影响加剧等诸多问题,严重制约着海铁联运物流体系优势的释放。这些问题的求解不仅要依靠现有铁路管理

体制的市场化改革、贸易监管体制的改革,更需要从市场化的角度推动海铁联运物流产业体系自身的发展和扩张。沿海地区市场化水平较高的短途海公、海河联运物流产业的发展,因市场开放程度高,参与主体多元化,多式联运的运营绩效水平很高,支撑了近20年来中国东部沿海地区港航产业的跨越式发展。相比较而言,海铁联运虽然从产业素质和产业前景看,有相较于海河、海公联运的较大优势,但市场化运营管理体制的制约成为其不能忽视的短板。海铁联运市场化运营管理体制的创新成为下一步必须大力推进的重要领域。

二、海铁联运物流体系市场化发展要求

海铁联运物流体系是现代所有多式联运物流模式中最具集约化、规模化和高端化特征的物流系统。从海铁联运物流体系可以延伸出多元化、多层次、多领域的产业集群。在传统的行业运营管理体制的设计中,港口、码头、铁路、枢纽等基础设施被认为具有很强的外溢性,但因被纳入垄断性国有企业的经营范围,无法实现市场化改革。随着海铁联运逐步成为国家物流体系的优先发展领域,国有企业改革的方向也逐步明朗,从"管企业"向"管资本"的市场化方向转变,这就为海铁联运关联的产业集群释放了巨大的市场空间。海铁联运的发展要抓住宝贵的时机,加快培育各类市场主体,在保证国有资本绝对控股的情况下,通过对海铁联运全产业链的市场化改造,提升其全产业链的运营绩效。

三、海铁联运市场化运营管理体制的创新方向

海铁联运市场化运营管理体制创新有三个重要的突破方向:一是海铁联运产业的发展需要引进、培育和储备一大批专业人才;二是要在国企推出的市场空间中,孵化和培育一批由专业人才做运营管

理的海铁联运企业集群,行业领域要覆盖从先进制造业到现代服务业的广泛业态;三是要由政府或海铁联运龙头、骨干企业牵头,成立海铁联运产业发展平台,通过海铁联运产业平台的集财、集智和集力,解决海铁联运市场化运营管理中的问题。海铁联运市场化运营管理体制创新的方向可以总结为"人才优先,产业集聚,平台支撑"的原则。

第七章

海铁联运的经济平衡机制设计

海铁联运作为一种资本和技术密集型多式联运方式,具有跨区域、跨行业、跨部门的运营特征,是典型的准公共物品。虽然在海铁联运核心机制的设计上,要始终强调市场机制发挥资源配置的核心作用,但不容置疑的是,海铁联运如果没有政府在顶层设计中创建的经济平衡机制去熨平经营荣枯的缺口,没有对口的专项政策支持长期性成长目标,单纯依靠市场化运作,经营会存在极大的不确定性。因此,海铁联运的健康发展必须建立在市场化运营机制和政策性补偿机制并重的"双轨模式"的经济平衡机制之上。

第一节　战略平衡的政策性补偿

一、国际竞争的博弈风险

"一带一路"下海陆联通的发展思路来自现实的压力和可见的风险考虑。中国目前既是全球最大能源需求国,也是全球最大的货物贸易输出国,其中80%的贸易量要走海路运至国内或输往世界市场。但是,由于我国现有的经营海洋的实力有限,海洋主要航道的控制权都掌握在以美国为首的西方国家手中。尽管这些国家没有公开宣称,通过干预航行自由权来控制中国海上贸易。但随着中国经济实力的增长和全球经济增长的下行,阻碍海上贸易通道的风险事件不断发生。中国一旦卷入或牵涉进地区冲突,海上贸易通道很有可能遭遇阻断,严重影响对外贸易,对我国经济造成直接冲击和损害。

二、战略平衡的风险收益

"一带一路"倡议所构筑的发展格局是南北两个贸易环流相互支

持、互为犄角。通过海陆联通的宏大布局,有效降低国际竞争中的博弈风险,力争实现"海路塞,陆路通;陆路塞,海陆通"的战略平衡,有效遏制阻塞贸易通道的风险演变为消极的供求冲击。因此,从利益格局上来讲,中央在布局全局发展蓝图时,是可以从宏观经济运行和风险评估的层面估测出发展海铁联运所带来的对冲风险的收益。本质上相当于发展海铁联运降低了"一带一路"全局发展的风险损失,提高了全局性开放发展的整体收益。在可预期的未来,发展海铁联运所带来的战略平衡可以为中国全方位开放发展带来巨大的发展红利。

三、政策性转移支付补偿

中央在政策层面可以通过经济补偿机制的顶层设计来实现对海铁联运发展的政策性支持。可以对海铁联运发展所带来的正的外部效应以政策性转移支付的方式给予支持,实现对海铁联运发展初期资本投资和运营成本的经济补偿。按照现行财政体制对地方和产业的支持形式来看,可以将发展海铁联运的地方政府作为政策性转移支付的受益对象,通过设立海铁联运发展专项转移支付或增加一般性转移支付的功能性系数权重等方式,增加对发展海铁联运的地方政府的财政支持力度。

第二节 战备功能的政策性补偿

一、国防安全的形势变化

"一带一路"发展理念的提出与国防安全的形势变化存在密切的

关系。当前,中国的国家安全形势受国际形势的影响,特别是周边国家安全形势的影响越来越深刻。中国国防安全在未来有两个重大的变革方向:一是亚欧经济板块的中部地区成为军事冲突和社会动荡的温床,如果中国不主动介入,势必会蔓延并危及自身安全,中国必须具备一旦需要可以从东部沿海地区快速调集战略资源北上的运输能力;二是中国日益增长的海外投资和海外劳务,其规模和范围随着国际贸易的扩展而向全世界扩展,一旦海外利益受到威胁,中国要具备从国内迅速调集战略力量南下实施远洋威慑的能力。基于以上两方面的国防需求,海铁联运成为多式联运模式中最为有效的选择。

二、国防体制的创新变革

为了配合"一带一路"发展理念的实践,我国国防体制正在进行一场跨时代的创新变革,从沿袭了 60 多年的军区制向战区制转型。战区制的国防体制改革,对武装力量的战略机动能力提出了更高的要求,需要在全球军事危机,特别是"一带一路"地缘范围中实现有效应对。国防体制的创新改革是中国自身开放发展到特定阶段的必然产物。在实践中,也有美俄两国在国防体制设计实践方面的有益借鉴。美国的全球六大战区和俄罗斯的五大战区的设计都与其全球利益密切相关,是保障本国全球经济利益的强力手段。

三、国防服务的政府采购

从国防体制改革的思路来看,未来国防力量的建设将聚焦在质量建设上,武装力量战略机动能力的演练将成为常态。基于现有的三大欧亚大陆桥的地理走向和海铁联运战略枢纽港的布局,以及正在紧锣密鼓推进的铁路管理体制的市场化改革,未来国防服务的政府采购将成为海铁联运运营中的一项重要收入来源。通过国防运输服务的承接,海铁联运经营主体可以获得较为稳定的补偿性收入,可以在建设初期规模经济效应尚未发挥前,成为填补运营收支缺口的一个重要补偿性收入来源。

第三节 区域发展的政策性补偿

一、区域协同的重大契机

海铁联运发展对布局海铁联运的港口及其所在城市的港产城一体化具有重要的推动作用。海铁联运可以看作撬动港产城一体化的一个重要支点。一旦海铁联运战略枢纽港布局到某个港口城市,该地区就可以凭借交通基础设施的建设、物流运输的规模经济、经济腹地的空间拓展、高端要素的空间聚集,实现具有强烈外溢性的港产城一体化发展目标。

二、区域协同的发展红利

海铁联运发展推动的港产城一体化会给港口及其所在城市的区域协同发展带来巨大的发展红利。交通基础设施的布局和建设可以吸引大规模的金融信贷,物流运输的规模经济会虹吸周边货源;经济腹地的空间延伸开辟了新的市场,高端要素的空间积聚提升了区域经济发展的质量。当海铁联运发展进入良性运营阶段,区域协同的发展红利将会切实提升港口及所在城市的经济发展水平。

三、地方政府的政策补偿

作为享受海铁联运发展红利的地方政府,在获得了港产城一体化发展所带来的综合收益时,可以考虑将区域协同的发展红利以政策性补偿的方式返还给海铁联运经济主体,补偿海铁联运经济主体经营活动对区域经济发展所带来的正的外部性。这种政策性的补偿可以采取专项的产业扶持政策来实现,也可以采取指数化政策性转移支付的方式来实现。

第四节　公私合营的激励性补偿

一、经营主体的公私合营

海铁联运业务的经营特点是介于规模经济和个性经济之间,既具有一定的规模性,又具有需求的个性化特征。因此,其经营特点决定了海铁联运的市场运作不能采取单纯的国有经济体制或私营经济体制,而应当采取公私合营(PPP)模式,这是最具匹配性的。同时可以借鉴国际上主要港口在发展海铁联运实践中,由港务局、铁路企业、航运企业、货代企业以及仓储企业等合作成立经济主体的模式,确保海铁联运经营主体既能够驾驭庞大的基础设施,满足海铁联运物流需求,同时又能够有足够的经营自主性,实现盈利和良性发展。

二、国有控股的机制创新

海铁联运发展需要各种集约化要素的积聚,比如稀缺的土地空间、大规模的金融信贷、产业准入的政策支持、政府管制的协同统筹、专业化人力资源体系等等。这就要求国有资本对海铁联运企业进行投资和控股,以实现各种必需的集约化要素在海铁联运产业的积聚。对此,国有资本的介入可以学习国际上比较成熟的"淡马锡"模式和

"AB股权制"。"淡马锡"模式的核心思想是国有资本从"管企业"转向"管资本",通过资本运作来实现对企业的引导和控制;"AB股权制"的核心思想就是国有资本通过固定股权份额确保对企业所有权的绝对控制。比如国有资本在创立海铁联运企业时拥有40%的股权,但根据"AB股权制"规定,国有资本只要保有5%的B类股权就可以保证对企业的绝对控股权。

三、激励股权的柔性补偿

公私合营的海铁联运企业主体在运营之初,受到海铁联运产业自身特点的影响,要经历一个培育阶段才能实现盈利。为了激励市场化的经济主体有充分的积极性和主动性把海铁联运企业经营好,国有资本可以考虑对经济主体进行激励性股权的补偿。比如可以根据公私合营经济主体的经营绩效,在需要进行有效激励时,让渡部分股权给公私合营的经济主体,柔性提升其在海铁联运企业经营中的收益分配份额,从而达到有效激励和收益补偿的双重目标。

第八章

推进海铁联运发展的实施举措

第一节　国家层面的实施举措

一、海铁联运港口的布局

发展海铁联运首先要在东部沿海地区进行海铁联运港口的布局。国家层面,可由国家发改委会同交通运输部,按照本课题研究所提出的三个层次的海铁联运港口进行遴选。京津冀经济圈、长三角经济圈和珠三角经济圈作为海陆联通的三个核心区域,可以第一批纳入国家层面的战略枢纽港范畴,具体可以选择天津港、宁波港和深圳港作为首批海铁联运战略枢纽港进行试点开发。

二、路网基础设施的规划

海铁联运路网基础设施建设的规划要在国家发改委的主导下多方协同,把铁路部门、地方政府、港口企业、社会投资等多方利益主体组成一个制定、协调路网基础设施规划的共同体,既能贯彻国家发展愿景和大政方针,又要充分尊重各方利益和合理诉求,最大限度地保障规划符合目标港口所在区域的经济、社会实际,规划的设施有充分的要素保障。

三、配套体制机制的创新

发展海铁联运既是对"一带一路"倡议发展理念的实践经验,又是推进产业转型升级、体制机制协同创新的宝贵契机。进一步深化

"运网分离"的市场化铁路管理体制改革,培育多元化的铁路运输市场主体,通过市场化竞争和专业化分工,推动铁路系统运营效率的提升;进一步深化贸易监管体制的改革,将贸易监管体制由边境和海岸向内地延伸,提升海铁联运沿线货运枢纽无缝通关、检验、检疫的能力。

四、运营经济利益的平衡

以海铁联运发展为抓手,研究构建与"一带一路"发展理念相适应的海铁联运利益平衡机制。要在政策设计落地之前,在政策体系顶层设计中充分考虑发展海铁联运将带来的综合社会效应的外溢性,通过多层次、多渠道的制度性补偿机制的设计,实现海铁联运运营机制在经济上的平衡,保证海铁联运发展稳定地对接国家发展意图。同时,对积极发展海铁联运的地方政府、港航企业、铁路企业、社会投资的合理的经济利益诉求给予充分保障。

第二节　地方层面的实施举措

一、海铁联运规划的编制

发展海铁联运对地方推动港产城一体化具有重大的意义。因此,有条件的地方政府要因地制宜,积极谋划海铁联运发展的思路,深入调研,缜密决策,以国家海铁联运发展规划为依托,编制地方海铁联运发展规划。地方政府和港航企业要主动出击,多方谋划,以优先服务国家发展战略、统筹地方发展战略的理性视角,谋求海铁联运发展对"一带一路"发展愿景的有力支撑,进而实现对地方经济社会和港口经济圈发展的带动和促进。

二、厘清海铁联运的定位

地方政府和港口企业要认真研究自身的发展条件,合理审视自身在"一带一路"倡议下的发展禀赋,理性评估自身在海铁联运物流体系中的作用,按照三个层次的海铁联运发展模式,明确自身的发展定位。要尽力避免超出自身条件和能力去追求海铁联运发展层次的跨越,减少投资建设的盲目性。

三、加快高端要素的积聚

发展海铁联运需要高端产业要素资源的支撑。海铁联运产业急需的人才、资金、土地、政策等要素需要地方政府、港口企业多方引进、争取、动员,还需要地方政府和港口企业从自身的发展实际出发,通过体制机制创新,创造性地在既有的区域发展要素中挖掘、激活、改造和创新海铁联运发展急缺的要素,从而实现海铁联运发展所需高端要素向本区域、港口、企业、市场积聚。

四、争取海铁联运的试点

发展海铁联运既是港口经济圈发展的内在需要,也是对"一带一路"发展愿景的积极响应。因此,地方政府和港口企业要积极主动地向国家发改委、交通运输部等职能部门申请汇报。地方要通过前置海铁联运试点的发展规划和实施方案,向国家有关部门提出海铁联运发展的创新思路和可行路径,积极争取海铁联运国家试点。

第三节　市场层面的实施举措

一、专业人才的交流和培养

人才要素是发展海铁联运最为关键的要素。地方政府和港口企业在筹划、推进海铁联运发展规划的过程中,可以放开思路,搞活思想,大胆采取"请进来、走出去"的人才要素聚集策略,向海铁联运发展成熟的先进国家和企业学习,打破人才使用体制机制上的束缚,通过建立高端产业联动机制、高层学术交流机制、高端人才柔性引用机制、人才生态体系构建机制等工作抓手,实现海铁联运发展必需的人才要素的积聚。

二、市场主体的培育和孵化

发展海铁联运需要深刻认识现代多式联运体系对产业分工的推动作用。要通过市场化改革的深化,将传统港航、铁路等物流产业体系中僵化、固化的产业环节释放给市场,地方政府和港口企业要充分创造条件,秉承"大众创业,万众创新"的发展理念,积极培养各类适应海铁联运产业发展的市场主体。通过多元化、专业化、协同化的市场主体的培育和孵化,激发海铁联运物流产业的活力。

三、经济组织的创新和应用

海铁联运物流产业发展对经济组织体制机制有更高的要求,需要在经济组织体制机制上大力推动创新发展。针对海铁联运运营中所需要的专业化的基础设施建设需求、规模化的融资需求、高端化的智力需求,要积极推动 PPP 模式的应用,通过公私合营的经济组织机制来调动各类要素所有者共同参与海铁联运的发展。可以试点成立 PPP 模式的铁路路网运营企业、专业铁路运输企业、专业码头运营企业、海铁联运中间服务企业、社会化投资财团。通过经济组织的创新和应用激发各类要素的活力,实现海铁联运的健康发展,带来互利多赢的局面。

四、市场活力的激发和释放

要充分发挥政府宏观调控与市场微观优化两方面的作用,共同推动海铁联运市场的逐步完善和良性循环。要通过海铁联运的发展促进港产城一体化发展格局的形成。以海铁联运承载海陆联通,以海路联通带动贸易流通、产能输出、产业升级、资源聚集、价值创造,激发和释放出海铁多式联运的市场活力,让参与者与全社会共享海铁联运的产业发展红利。

参考文献

【中文文献】

[1] 艾孟孟.中哈贸易前景分析[J].合作经济与科技,2017(17).

[2] 安飞.为江河呐喊 为交通建言——2007 年全国"两会"海事提案扫描[J].中国船检,2007(3).

[3] 安江林.我国西部地区南北大通道——"一带"与"一路"融合发展的桥梁[J].开发研究,2019(6).

[4] 白力群.大力推进海铁联运和无水港建设[J].港口经济,2011(3).

[5] 白力群.抓住历史机遇 增强连云港港口海陆枢纽联通作用[J].港口经济,2014(5).

[6] 曹丽.加快推进广西北部湾港与区内外无水港联动发展——构建便捷高效国际物流大通道关键抓手[J].广西经济,2014(9).

[7] 曹梅珠,陈强.南沙港区海铁联运发展分析[J].交通企业管理,2021(4).

[8] 曹圆圆,贾春梅.宁波发展海铁联运的策略分析[J].宁波工程学院学报,2011(1).

[9] 常培清.肯尼亚蒙内铁路海铁联运对策分析[J].铁道运输与经济,2019(10).

[10] 常思纯.从"中欧班列"看中日第三方市场合作的机遇与前景[J].东北亚学刊,2021(4).

［11］陈晨,张向阳,陆丽丽.考虑政府补贴因素的宁波海铁联运腹地划分［J］.物流技术,2021(3).

［12］陈攻.中资企业在孟加拉国建筑工程项目承包的风险与应对策略［J］.创新,2022(3).

［13］陈慧敏.探讨"一带一路"建设背景下我国出口贸易发展的机遇及挑战［J］.全国流通经济,2020(7).

［14］陈林雄,申秀敏.浅析农产品出口竞争力——以赣南脐橙为例［J］.北方经济,2020(2).

［15］陈勤.重庆:构筑通往世界的物流大格局［J］.重庆与世界,2014(8).

［16］陈思,王力颖,曹馨月,等.创新交通运输模式 走可持续发展道路——连云港"海铁联运"发展现状分析及前景探究［J］.全国商情(理论研究),2012(16).

［17］陈涛.黄岛港海铁联运集装箱班列开行的探索与实践［J］.铁路采购与物流,2018(2).

［18］陈文彬.上海海铁联运政策效益与发展优化研究［J］.交通与港航,2022(2).

［19］陈学军,金新道.从中韩铁路轮渡看东北亚海铁联运的思考和建议［J］.水路运输文摘,2006(5).

［20］陈长英,曹斌,陈泽谷.西部陆海新通道背景下广西海铁联运建设的挑战与对策［J］.大众科技,2022(4).

［21］陈召华.全力推进物流枢纽港建设［J］.宁波经济(财经视点),2009(10).

［22］陈仲朝.推动宁波港口又好又快发展对策分析［J］.宁波经济(三江论坛),2009(8).

［23］陈筑波,刘雅露,何明川,等.交通运输业发展对城市发展的作用探究——以连云港"海铁联运"为例［J］.全国商情(理论研究),

2012(15).

[24] 程学亮.新亚欧大陆桥集装箱海铁联运发展的现状与对策[J].
港口科技,2006(12):5-8.

[25] 程紫来,孙婷,张姝慧.港口信息感知系统在海铁联运物联网示
范工程中的应用[J].中国港口,2014(5).

[26] 初良勇,许小卫.厦门港拓展经济腹地的策略[J].大连海事大学
学报(社会科学版),2014(2).

[27] 褚鹏.宁波有条件建设海铁联运综合试验区[J].浙江经济,2014
(11).

[28] 崔彩霞,毕超超,范勤勤.基于隐马尔可夫链的自适应 MODE 及
应用[J].计算机工程与应用,2021(14).

[29] 崔琦,杨波,魏玮.中国与东盟国家交通基础设施互联互通的经
贸影响——基于 GTAP 模型的研究[J].技术经济与管理研究,
2020(10).

[30] 崔文博.四川省融入中蒙俄经济走廊发展的建议[J].北方经济,
2020(1).

[31] 崔忠亮,关文彪.发展广西北部湾海铁联运物流存在的问题与应
对之策[J].对外经贸实务,2012(6).

[32] 大陆桥海铁联运课题组,车探来,成新农,等.青岛港倾力打造亚
欧大陆桥头堡[J].大陆桥视野,2010(4).

[33] 戴东生,邓雪.宁波构建 21 世纪"海上丝绸之路"海陆联运枢纽
的路径分析[J].宁波通讯,2014(19).

[34] 戴东生,邓雪.宁波加快打造"一带一路"海陆联运枢纽[J].中国
港口,2014(9).

[35] 戴钰桀,保鲁昆,孙延浩."一带一路"下国际多式联运 SWOT 分
析[J].铁道运输与经济,2017(4).

[36] 邓超.联通世界的重要经济纽带[J].中国投资(中英文),2021

（Z6）.

[37] 邓焕彬.构建粤港澳大湾区一体化交通体系[J].中国港口,2017（5）.

[38] 邓夕贵,朱逸凡,雷智鹣,潘志刚,张恬.基于双层规划的海铁联运班列编组数量研究[J].铁道运输与经济,2021（6）.

[39] 翟俊源.我国东北地区集装箱海铁联运发展对策的研究[J].铁道货运,2012（5）.

[40] 翟晓岩."南向通道"建设中的甘肃战略定位与辐射作用[J].天水行政学院学报,2019（6）.

[41] 丁健,尚明珠.发挥优势 发展海铁联运进军现代物流[J].大陆桥视野,2005（11）.

[42] 董锁成,赵敏燕,郭鹏,等."一带一路"生态旅游带发展模式与对策[J].中国科学院院刊,2016（6）.

[43] 董延丹,包楠.日照港发展的综合评价[J].水运管理,2007（7）.

[44] 段政焰.上海国际航运中心集装箱海铁联运发展研究[J].铁道货运,2014（5）.

[45] 段政焰.我国集装箱海铁联运系统协同发展策略[J].集装箱化,2014（5）.

[46] 范小晶,封学军,张艳,等.干散货海铁联运系统关键因素敏感性分析[J].华东交通大学学报,20141（5）.

[47] 范燕.基于低碳经济的宁波港海铁联运效益分析[J].市场周刊（理论研究）,2015（4）.

[48] 方雯.发展海铁联运恰逢其时[J].市场周刊（新物流）,2009（9）.

[49] 冯德连,施亚鑫.四维距离视角下中国对"一带一路"国家直接投资研究[J].江淮论坛,2018（5）.

[50] 付琳,魏真真,曹云."一带一路"经济区现代物流体系构建与实践研究[J].中国物流与采购,2021（19）.

[51] 付旻,祝诗蓓,楼小明,等.浙江集装箱运输物流发展的问题与对策[J].浙江经济,2020(2).

[52] 傅启凡.连云港港口的发展现状分析及建议[J].时代金融,2017(12).

[53] 傅赟,李樱灿,刘畅,等.我国集装箱海铁联运信息共享模式探析[J].铁道货运,2020(12).

[54] 高婧.Z公司铁海联运集装箱服务营销策略研究[J].中国物流与采购,2020(20).

[55] 高李鹏.铁海联运直达快运集装箱班列首发[J].铁道货运,2006(12).

[56] 高怡."一带一路"背景下区域绿色物流发展路径研究[J].中国市场,2018(13).

[57] 郜俊斌."一带一路"背景下吕梁红色旅游资源开发策略探究[J].漯河职业技术学院学报,2021(3).

[58] 葛瑞,冯欲晓,郎茂祥.我国集装箱海铁联运存在的问题及对策研究[J].物流科技,2017(5).

[59] 顾磊,沈宫阁,王坤.集装箱海铁联运制约因素的实证研究[J].铁道运输与经济,2014(2).

[60] 郭敬谊."一带一路"交通工程项目施工管理合同模式[J].交通企业管理,2021(2).

[61] 郭丽燕.我国集装箱海铁联运问题及策略探讨[J].物流工程与管理,2011(4).

[62] 韩啸,齐皓天,王兴华."一带一路"贸易便利化对中国农产品贸易影响研究——基于随机前沿引力模型[J].华南理工大学学报(社会科学版),2016(5).

[63] 郝燕茹.我国集装箱海铁联运存在问题及对策研究[J].中国储运,2022(3).

[64] 何洁.集装箱海铁联运发展中存在的问题及对策建议[J].大陆桥视野,2013(5).

[65] 何洁.浅谈集装箱海铁多式联运[J].中国储运,2013(6).

[66] 何敏.设施联通与区域一体化——基于我国与"一带一路"国家的实证分析[J].中国流通经济,2020(7).

[67] 何雄.支撑服务内陆开放高地建设[J].中国投资(中英文),2021(Z6).

[68] 何雪君,郑平,郭洪伟.新经济形势下的中国集装箱海铁联运需求分析[J].价值工程,2012(5).

[69] 何月,徐丽丽,杨春全."一带一路"沿线城市区域经济与交通优势度耦合协调度分析[J].测绘与空间地理信息,2021(S1).

[70] 贺向阳,汪月娥.加快宁波海铁联运发展的策略[J].综合运输,2010(3).

[71] 贺向阳,夏向阳,肖文.双循环新发展格局下物流业高质量发展:基于集装箱海铁联运通道效益评价[J].产经评论,2021(6).

[72] 贺向阳.推动宁波舟山港海铁联运高质量发展的思考[J].交通企业管理,2022(1).

[73] 贺小珊.供给侧改革下的宁波舟山港一体化经验[J].交通企业管理,2018(3).

[74] 贺晓燕."一带一路"生态旅游带发展模式与对策研究[J].旅游纵览(下半月),2018(14).

[75] 侯斌.我国港口高质量发展的问题与建议[J].中国投资(中英文),2021(Z0).

[76] 侯名芬.西部陆海新通道高质量建设视域下广西钦州港发展研究[J].中国西部,2021(5).

[77] 侯政,黄永辉.新发展格局下推进西部陆海新通道高质量发展的对策研究[J].南宁师范大学学报(哲学社会科学版),2021(6).

［78］胡琳祝."一带一路"与中西部经济的发展［J］.现代经济信息，
2017(17).

［79］胡梦婷."一带一路"背景下广西东盟贸易对 GDP 贡献的实证分
析［J］.商场现代化，2016(14).

［80］胡炜."一带一路"对中西部地区经济发展的影响［J］.科技经济
市场，2017(6).

［81］湖北首个铁海联运班列开通［J］.港口经济，2016(3).

［82］黄承锋，曾桃.国际陆海贸易新通道发展的时空结构［J］.重庆交
通大学学报(社会科学版)，2021(2).

［83］黄嘉玲.我国海铁联运的发展现状及策略［J］.中国战略新兴产
业，2018(8).

［84］黄建康，叶纯.基于"一带一路"倡议的物流产业高质量发展策略
探讨［J］.物流工程与管理，2021(5).

［85］黄健.以建设长三角北翼经济中心为契机加快推进南通海铁联
运大体系建设［J］.江苏商论，2015(5).

［86］黄毅，王学锋.国际集装箱海铁联运标准化问题初探［J］.大陆桥
视野，2009(11).

［87］纪寿文."一带一路"连云港集装箱海铁联运货类货量发展展望
［J］.大陆桥视野，2015(5).

［88］纪寿文.连云港构建上合组织成员国出海口研究(续)［J］.大陆
桥视野，2015(4).

［89］纪晓彬，刘仕强.铁海联运煤炭供应链的数学建模与案例分析
［J］.物流工程与管理，2022(6).

［90］贾可，杭明升，贾纬璇.加快宁波港集装箱海铁联运体系建设
［J］.综合运输，2006(3).

［91］贾可.宁波港集装箱海铁联运疏港铁路体系规划研究［J］.综合
运输，2014(8).

［92］贾玉成.天津港多式联运发展的现状、问题和对策研究［J］.城市,2021(7).

［93］菅文涛,金明,翟慧娟.集装箱海铁联运启运站出口退税政策可行性分析——以出口货物经天津港离境为例［J］.集装箱化,2022(1).

［94］江海.打造更具国际影响力的港航物流体系［J］.宁波通讯,2018(9).

［95］江琪,郭佳."多区联动"背景下福建海铁联运发展研究［J］.内江科技,2018,39(3).

［96］江西扩大"一带一路"朋友圈［J］.建筑技术开发,2018(10).

［97］蒋炀.从"通"到"活",西部陆海新通道让重庆加速拥抱世界［J］.当代党员,2020(23).

［98］蒋玉莲,韦武昌,周定洲."一带一路"倡议下广西开放型经济发展对策研究［J］.商业经济,2021(7).

［99］蒋玉山."一带一路"视阈下中越合作机遇与前景——基于越南交通基础设施建设的考察［J］.钦州学院学报,2018(7).

［100］焦悦.青岛开展"一带一路"国际海铁联运的分析及策略［J］.中国物流与采购,2018(5).

［101］金健,张受喜,田斌.江西集装箱市场研究报告［J］.中国港口,2018(5).

［102］金哲宇,杨博文.基于 AHP-EWM 的集装箱海铁联运协同评价研究［J］.铁道货运,2022(1).

［103］京生.宁波港今年吞吐量已破 3 亿吨［J］.港口科技,2014(10).

［104］康译之,何丹,高鹏,等.长三角地区港口腹地范围演化及其影响机制［J］.地理研究,2021(1).

［105］赖文光.2020 年港口集装箱铁水联运回顾与发展建议［J］.中国港口,2021(3).

［106］劳可军.立足大交通发展大物流［J］.宁波经济（财经视点），
　　　2014(7).

［107］雷磊.集装箱海铁联运与内河运输的发展关系［J］.交通标准
　　　化,2006(12).

［108］冷梦君,杨俨斌,施烨茹.大连港集装箱海铁联运发展 SWOT
　　　分析［J］.航海,2016(2).

［109］李安林,魏海蕊.复杂网络视角下海铁联运物流网络研究［J］.
　　　软件导刊,2021(11).

［110］李安林,魏海蕊.长江流域海铁联运模式下港口集疏运物流网
　　　络研究［J］.铁道运输与经济,2022(1).

［111］李国栋,崔银秋,田俊峰."一带一路"交通基础设施建设卫星综
　　　合应用实践与思考［J］.卫星应用,2016(10).

［112］李汉卿,孙东泉,刘凌,等.我国交通物流指标国际对标分析
　　　［J］.中国物流与采购,2016(3).

［113］李好.成都深度融入"一带一路"提升开放型经济水平研究［J］.
　　　时代经贸,2021(4).

［114］李浩东,胡洁,范勤勤.基于并行分区搜索的多模态多目标优化
　　　及其应用［J］.计算机科学,2022(5).

［115］李华.建设国际强港:宁波再提速［J］.宁波经济（财经视点），
　　　2014(6).

［116］李佳颖.陆海联动提振合作开放新脉搏［J］.当代广西,2019
　　　(21).

［117］李俊.转变建港理念　构建人性化港口［J］.中国水运,2005
　　　(10).

［118］李茂江.青岛港海铁联运的发展经验［J］.港口经济,2011(4).

［119］李世泽."一带一路"背景下广西边境口岸发展研究［J］.桂海论
　　　丛,2018(1).

[120] 李田华,孙英."一带一路"背景下甘肃省物流体系构建研究[J].市场研究,2017(6).

[121] 李玮,张改平,张文涛.我国集装箱铁海多式联运信息交换与共享机制及发展策略[J].交通运输研究,2020(5).

[122] 李卫波,丁金学.新发展格局下广东交通运输发展的形势要求与思路建议[J].中国经贸导刊,2021(23).

[123] 李文斌,陈洁敏,宗传苓.深圳港碳达峰与碳中和路径的实践与探索[J].交通与港航,2021(4).

[124] 李文增.大力发展天津口岸陆桥运输 推动海洋强市建设[J].港口经济,2014(7).

[125] 李文增.天津:大力发展口岸陆桥运输业 促进海洋强市建设——以天津口岸的大陆桥集装箱运输业发展为例[J].产权导刊,2014(8).

[126] 李兴.丝绸之路经济带:"五通"进程与未来展望[J].贵州省党校学报,2017(5).

[127] 李益.营口港:中国铁水联运的领跑者——访营口港集团有限公司副总经理姚平[J].中国远洋航务,2016(5).

[128] 李永梅.货代企业海铁联运业务"营改增"账务处理探讨[J].交通财会,2016(3).

[129] 李长年,李静.打造大陆桥海铁联运的青岛品牌——青岛至乌兹别克斯坦"通用汽车项目专列"正式启运[J].大陆桥视野,2012(7).

[130] 李志鹏.实施锦白铁路扩能工程的必要性研究[J].铁道建筑技术,2013(S1).

[131] 栗霖霖,王琪.从欧共体的产生过程浅析丝绸之路经济带建设[J].商,2015(24).

[132] 梁莹莹,王元欢.营口港集装箱海铁联运量的预测与发展研究

[J].对外经贸,2021(8).

[133] 林备战,黄姗,江雄.让新亚欧大陆桥运输畅通无阻[J].大陆桥
视野,2007(11).

[134] 林备战,陆峥.国家战略下的营口港“中俄欧海铁联运大通道”
建设[J].港口经济,2014(9).

[135] 林备战,徐习军.海铁联运:全球物流运输业的发展方向[J].大
陆桥视野,2010(5).

[136] 林备战.连云港至阿拉山口铁海联运直达集装箱班列开行[J].
大陆桥视野,2007(1).

[137] 林定良.“一带一路”背景下霍尔果斯市口岸物流发展现状及对
策研究[J].黑龙江交通科技,2020(5).

[138] 刘保林.国家发展改革委举行新闻发布会 介绍推进西部陆海
新通道高质量建设有关情况[J].中国产经,2021(17).

[139] 刘冰.日本铁路集装箱运输发展现状及其分析[J].铁道运输与
经济,2017(3).

[140] 刘畅.西部陆海新通道班列与中欧班列协调发展对策研究[J].
铁道货运,2022(6).

[141] 刘大成.北极黄金航道是中国国际物流保障的创新[J].数据,
2021(9).

[142] 刘迪,杨华龙.单起讫点间集装箱海铁联运动态定价模型[J].
交通运输系统工程与信息,2012(4).

[143] 刘晗.济南局集团公司集装箱海铁联运发展策略研究[J].铁道
货运,2022(6).

[144] 刘浩.大部制改革对宁波港集装箱海铁联运发展的推动作用
[J].集装箱化,2014(5).

[145] 刘洪君.打好“强水、补铁”组合拳——对浙江省运输结构调整
的思考[J].中国水运,2019(11).

［146］刘佳苏.交通发展方式对海铁联运物流模式的刚性约束分析——以南沙港为例浅析我国海铁联运物流模式［J］.物流工程与管理,2014(5).

［147］刘磊.连云港国家集装箱海铁联运物联网应用示范工程建设与运用［J］.大陆桥视野,2014(5).

［148］刘岐涛,王磊.青岛全面打造"一带一路"国际合作新平台［J］.中国国情国力,2019(11).

［149］刘爽,许奇,冯佳,等.铁路通道建设对港口后方集疏运格局的影响研究——以向莆铁路为例［J］.交通运输系统工程与信息,2014(4).

［150］刘维,陈虹.中铁多联携手物流企业打造海铁联运优势竞争力［J］.大陆桥视野,2014(5).

［151］刘娴.建设西部陆海新通道:中国广西的现状、问题及对策［J］.东南亚纵横,2019(6).

［152］刘洋.天津港新亚欧大陆桥国际通道运行规则思路［J］.综合运输,2009(10).

［153］刘洋.天津港新亚欧大陆桥国际通道运行规则探索［J］.港口经济,2009(10).

［154］刘叶.我国中短途集装箱海铁联运 SWOT 分析及发展策略［J］.集装箱化,2013(5).

［155］刘颖.基于"一带一路"战略的青岛港海铁联运发展研究［J］.经贸实践,2018(10).

［156］卢山,葛洪磊.宁波集装箱海铁联运现状分析与发展机理研究［J］.现代商贸工业,2018(10).

［157］陆毅民.中国港口海铁联运的通关环境［J］.大陆桥视野,2009(11).

［158］陆峥.海铁联运中港口的地位和作用［J］.港口经济,2014(2).

[159] 罗梅君.陈洪先:加快海铁联运发展构建一体化交通运输体系[J].珠江水运,2012(5).

[160] 罗鹏,周国东.集装箱海铁联运可持续发展路在何方[J].中国水运,2012(5).

[161] 罗萍.以港口物流业为核心 分类推进沿海港口转型升级[J].综合运输,2015(5).

[162] 罗文丽.港口对接行动[J].中国物流与采购,2015(8).

[163] 吕靖,张丹阳,季嘉慧.日韩货物中欧班列海铁联运路径选择研究[J].重庆交通大学学报(自然科学版),2021(11).

[164] 吕同舟.四川发力对接"一带一路"南向通道[J].中国远洋海运,2018(5).

[165] 吕昕红,张欢,常征.我国集装箱海铁联运发展研究[J].中国港口,2010(3).

[166] 麻雪滢,喻婷,梁惠娴,等."一带一路"下宁波海铁联运新通道建设研究[J].中国市场,2018(16).

[167] 马特恩.新丝路上的欧洲铁路货运枢纽[J].中国投资(中英文),2021(Z6).

[168] 马卫光.镇海:建设海铁联运物流枢纽港[J].宁波经济(财经视点),2007(12).

[169] 马玄德.台州地区铁路货运及铁海联运发展布局规划研究[J].智能城市,2021(6).

[170] 马艳玲.大力发展我国集装箱海铁联运——访交通部水运科学研究院院长胡平贤[J].中国海事,2009(8).

[171] 马依彤,孙卓,郑建峰,等.国际集装箱海铁联运计划优化[J].物流工程与管理,2014(7).

[172] 毛新雅,门镜."一带一路"建设与中欧经贸合作[J].当代世界与社会主义,2017(4).

[173] 孟龙,赵宁宁,王杰,等.集装箱海铁联运发展对策研究——以连云港港为例[J].中国储运,2020(12).

[174] 宓为建,秦塈,张晓华,等.海铁联运集装箱装火车作业配载问题研究[J].物流工程与管理,2016(3).

[175] 戚静.发展港口集装箱海铁联运的研究[J].铁路采购与物流,2010(4).

[176] 乔阳,刘慧娟.后疫情时代黑龙江省跨境电商发展策略探析[J].对外经贸,2021(5).

[177] 秦诗立.加快宁波—舟山港海铁联运大发展[J].浙江经济,2014(8).

[178] 秋千.中国内陆的"刀"与"影"[J].西部广播电视,2010(Z2).

[179] 仁中.连云港港:发展短途集装箱海铁联运 打造绿色物流通道——评任伟先生的《发展短途集装箱海铁联运班列创建区域性中心港口》[J].大陆桥视野,2010(5).

[180] 任刚,靳志宏,庞毛毛,等.基于班列抵港模式的海铁联运堆场箱位分配优化[J].大连海事大学学报,2022(1).

[181] 任伟.发展短途集装箱海铁联运班列 创建区域性中心港口[J].大陆桥视野,2010(3).

[182] 桑庆庆."一带一路"生态旅游带发展模式与对策[J].旅游纵览(下半月),2018(16).

[183] 桑榆.联运疏港:让集装箱畅行洋山[J].水路运输文摘,2005(12).

[184] 邵晓娴.基于海铁联运的厦门港物流新模式探讨[J].大连海事大学学报(社会科学版),2016(1).

[185] 施树荫.知难而进 着力打造国际航运中心:访大连港集团有限公司董事长袁福秀[J].中国港口,2006(11).

[186] 石晓冶.烟台口岸开通海铁联运的几点思考[J].中国物流与采

购,2014(11).

[187] 石鑫.亮出发展新名片 党的十八大以来新疆辉煌成就综述之
二[J].大陆桥视野,2018(3).

[188] 史锋华.东西双向互济 陆海内外联动 "郑州—青岛"(长荣号)
铁海联运班列成功发运[J].大陆桥视野,2020(10).

[189] 史锋华.郑州铁路集装箱中心站首次迎来铁海联运进口汽车
[J].大陆桥视野,2017(2).

[190] 宋兵,傅晓红.宁波港海铁联运蓄势再发[J].珠江水运,2013
(S1).

[191] 宋小满,杨嘉欢,吴璇,等.沿海散货运价走势特征、影响因素及
其启示[J].铁道货运,2021(11).

[192] 苏德勤,屈玉斌.大连港集装箱海铁联运现状及发展展望[J].
中国港口,2005(12).

[193] 苏德勤,屈玉斌.我国港口集装箱海铁联运现状与"十一五"发
展展望[J].港口经济,2006(2).

[194] 孙家庆.依托港口打造以"联结"与"链合"为核心的海铁联运运
作体系的思考[J].中国物流与采购,2022(16).

[195] 孙谦,杨惠云,阎雪梅,等.大连港集装箱海铁联运物联网应用
示范工程建设实践[J].港口科技,2018(3).

[196] 孙雁胜.天津地区集装箱海铁联运的实践与启示[J].铁道货
运,2016(3).

[197] 孙瑶瑶.国外发展海洋经济的成功经验及其对宁波的启示[J].
宁波通讯,2012(8).

[198] 孙艺民.建好国际开放大通道 助力三个经济大发展[J].西部
大开发,2018(4).

[199] 孙章,ZHANG Liman.《区域全面经济伙伴关系协定》呼唤泛亚
铁路与海铁联运[J].城市轨道交通研究,2020(12).

[200] 谭彐琼,博志明."一带一路"背景下云南省金融的机遇与挑战[J].中国商论,2016(12).

[201] 汤宁,杨静蕾.国内外海铁联运扶持政策对比研究[J].港口经济,2016(4).

[202] 唐建桥.广州港海铁联运高质量发展对策[J].中国铁路,2022(6).

[203] 陶润元.连云港港:迈向绿色转型的东方桥头堡[J].中国远洋航务,2015(5).

[204] 陶润元.描绘"一带一路"国际交通合作新图景[J].中国远洋海运,2018(7).

[205] 陶学宗,张康,王谦益,等.宁波舟山港海铁联运发展的创新思路[J].中国港口,2021(11).

[206] 陶学宗,张戎.宁波港集装箱海铁联运发展经验及启示[J].综合运输,2012(6).

[207] 滕宇蛟,张静.马来西亚东海岸铁路大陆桥运量研究[J].铁道货运,2018(3).

[208] 汪晓.国家集装箱海铁联运物联网应用(宁波港)示范工程初步设计通过国家评审[J].港口经济,2014(4).

[209] 王安琪."一带一路"背景下贵州省发展路径研究[J].经贸实践,2018(15).

[210] 王大伟,宣卫红,马颖忆,等."一带一路"视域下西北内陆地区农业基础设施发展态势及影响要素研究:基于西北五省面板数据的实证分析[J].东北农业科学,2019(5).

[211] 王德占.我国铁路集装箱国际联运发展现状与策略[J].港口经济,2014(4).

[212] 王刚.西安:内陆港步入海铁联运国际直达时代[J].交通建设与管理,2016(8).

[213] 王刚.洋山深水港国际海铁联运现状与发展建议[J].交通企业管理,2014(8).

[214] 王海波,黄海志,黄文李."多式联运"让物流新通道货源充盈[J].当代广西,2021(10).

[215] 王海波.开放合作助力构建双循环新格局[J].当代广西,2021(7).

[216] 王海波.向开放发展要动力[J].当代广西,2018(8).

[217] 王昊,刘维,高婧.中铁多联公司:全力打造铁海快线品牌 推动铁海联运无缝衔接[J].大陆桥视野,2020(1).

[218] 王皓冉,孟令君.国家能源集团铁路网络与国家铁路网络海铁联运竞争力比较分析[J].科技资讯,2021(19).

[219] 王健.广西贵港港江铁海联运发展分析[J].中国港口,2020(10).

[220] 王娟娟,杜佳麟."一带一路"区域绿色物流体系构建及路径探索[J].中国流通经济,2017(6).

[221] 王娟娟.京津冀协同区、长江经济带和一带一路互联互通研究[J].中国流通经济,2015(10).

[222] 王坤.实现港口经济超常规发展的几点思路[J].天津经济,2005(12).

[223] 王鹏.上海港集装箱海铁联运现状及建议[J].中国水运(下半月),2012(5).

[224] 王庆余.打造铁海联运直达快运班列新品牌[J].大陆桥视野,2007(1).

[225] 王帅,蒋天颖.宁波全面参与义甬舟开放大通道建设的对策建议[J].宁波经济(三江论坛),2017(3).

[226] 王微.完善沿线国家投资环境 促进"一带一路"交通设施与物流体系建设[J].中国远洋航务,2016(8).

[227] 王薇,何小明.发展海铁联运,拓展港口腹地[J].水运工程,2006(12).

[228] 王薇,何小明.发展集装箱海铁联运拓展港口腹地[J].集装箱化,2006(7).

[229] 王伟.辽宁自贸区对接"一带一路"倡议的路径选择[J].现代营销(下旬刊),2020(1).

[230] 王伟.天津港未来发展的形势和方向[J].中国港口,2017(4).

[231] 王须峦,王阳.西安:国际内陆港 通江达海 节点城市系列调查(九)[J].物流技术与应用(货运车辆),2011(4).

[232] 王轩.天津港铁路集疏运一体化发展研究[J].综合运输,2022(4).

[233] 王延继,刘日.郑州—黄岛港集装箱铁海联运发展存在的问题及对策[J].集装箱化,2021(1).

[234] 王勇.我国集装箱海铁联运发展现状及对策[J].集装箱化,2012(6).

[235] 王钟皓,侯敬.港口铁路专用线联运作业组织模式优化研究[J].铁道运输与经济,2021(6).

[236] 魏祥振.秦皇岛北部山区机制砂石海铁联运现状及规模化运营建议[J].中国储运,2022(3).

[237] 吴曼.大力发展集装箱海铁联运 推动上海国际航运中心建设——以洋山港、芦潮港为例[J].黑龙江对外经贸,2011(3).

[238] 吴铁锋,朱晓宁.集装箱海铁联运发展的方案研究[J].北京交通大学学报(社会科学版),2011(2).

[239] 吴星星."一带一路"政策下我国海铁联运的发展对策研究——以宁波港海铁联运为例[J].航海,2016(1).

[240] 吴厌.发展海铁联运 推动集装箱上量——对连云港港口物流发展方式转变的思考[J].大陆桥视野,2010(5).

［241］吴志华,朱传福,胡非凡.粮食物流发展回顾与展望［J］.中国远洋航务,2007(5).

［242］伍凤兰,马忠新."一带"与"一路"沿线18个省区市对外开放度的比较研究［J］.云南社会科学,2017(1).

［243］武国茂."一带一路"倡议与甘肃省旅游服务贸易发展［J］.商业文化,2021,36.

［244］武慧荣,朱晓宁,钱继锋.基于系统动力学的集装箱海铁联运运量预测研究［J］.物流技术,2012(17).

［245］武慧荣,朱晓宁.基于SD的集装箱海铁联运系统发展研究［J］.重庆交通大学学报(自然科学版),2013(3).

［246］席悦.营口港:整合后迎来新发展［J］.中国物流与采购,2021(14).

［247］喜崇彬.多式联运再发展,单元化和一体化成为关键［J］.物流技术与应用,2022(7).

［248］肖小平,虞海波.轨道式龙门吊在集装箱海铁联运中的应用［J］.集装箱化,2018(4).

［249］解振全.福建省海铁联运发展对策研究［J］.铁道运输与经济,2022(3).

［250］须云龙.上海港水路和铁路集装箱运输现状及对策［J］.中国港口,2009(8).

［251］徐道群.2017年宁波舟山港集装箱运输分析及展望［J］.中国港口,2018(2).

［252］徐道群.宁波舟山港集装箱运输2016年分析及2017年展望［J］.中国港口,2017(3).

［253］徐高春.深入实施大口岸战略 加快打造国际强港［J］.宁波通讯,2011(7).

［254］徐华锋,王育红,洪铖.共享模式下港口群陆侧海铁协同空箱调

运策略研究[J].宁波大学学报(理工版),2022(3).

[255] 徐鹏.加快发展天津港集装箱海铁联运的必要性和可行性[J].中国港口,2007(12).

[256] 徐荣华,施爱芬.略论宁波舟山港港口物流发展策略[J].宁波经济(三江论坛),2018(5).

[257] 徐荣华.集装箱运输物流成本组成及降低策略:以宁波—舟山港为例[J].国际商务财会,2017(5).

[258] 徐习军.理念和模式:海铁联运推进港口物流发展——基于任伟、吴厌关于连云港港口发展海铁联运研究的再思考[J].大陆桥视野,2010(5).

[260] 徐岳.打造淮海经济区便捷出海口——"徐州—连云港—日本"海铁联运整列开行[J].大陆桥视野,2022(1).

[261] 许培源,罗琴秀."一带一路"自由贸易区网络构建及其经济效应模拟[J].国际经贸探索,2020(12).

[262] 许培源,姚尧."一带一路"交通基础设施联通的经济效应[J].东南学术,2021(2).

[263] 许翔宇,程钦良,许培源."一带一路"交通基础设施联通与亚欧大陆经济地理重塑[J].世界经济与政治论坛,2022(4).

[264] 薛铨."一带一路"背景下"高精尖缺"人才引进的新形式[J].产业创新研究,2019(12).

[265] 薛柔,魏沙沙,邹明芳,等."一带一路"倡议下机电出口南亚市场的机遇与挑战[J].中国市场,2018(3).

[266] 闫攀宇.欧美港口集装箱海铁联运概况[J].集装箱化,2007(12).

[267] 严茂辉.探讨江西集装箱海铁联运现状与发展[J].山东工业技术,2015(8).

[268] 杨蝉溪,杨迪."一带一路"背景下新疆中通道交通地理格局与

经济发展[J].边疆经济与文化,2022(10).

[269] 杨晨,韩洁,王忠强,等.上海港海铁联运发展的若干对策建议
[J].交通与港航,2017(1).

[270] 杨大力.秦皇岛港发展集装箱海铁联运的可行性探讨[J].中国
港口,2007(10).

[271] 杨慧,张宇.创新"一带一路"国际合作机制研究——以吉林省
与俄罗斯多元化合作为例[J].吉林师范大学学报(人文社会科
学版),2018(6).

[272] 杨军.海铁联运胜出靠什么?"班组联盟"强强联手加油干!
[J].班组天地,2017(4).

[273] 杨开林,孙子安."合肥—连云港"整车出口海铁联运通道正式
开通[J].大陆桥视野,2021(5).

[274] 杨蕾,韩大六,张淑琴."一带一路"陕西自贸试验区开展E国际
贸易的现实基础[J].大陆桥视野,2022(3).

[275] 杨伟峰."一带一路"背景下大连港国际海铁联运发展对策[J].
现代商贸工业,2016(2).

[276] 杨亚雄.新时代中哈陆路边境口岸建设及其协同效应[J].北方
民族大学学报,2020(3).

[277] 杨延海.大连铁路集装箱中心站海铁联运运输网络建设研究
[J].劳动保障世界,2015(11).

[278] 杨岩.港口集装箱海铁联运优化研究——以新东方国际货柜有
限公司为例[J].全国流通经济,2019,35.

[279] 杨莹.铁路运输在中欧国际贸易中的优势分析[J].铁道运输与
经济,2016(2).

[280] 杨云飞.马坊物流基地何以成为全国示范园区?[J].中国物流
与采购,2021(20).

[281] 杨智勇.关于发展上海港集装箱海铁联运的思考和建议[J].港

口科技,2018(6).

[282] 姚平.营口港海铁联运及国际多式物流大通道发展情况[J].大陆桥视野,2016(4).

[283] 姚亚平,李英,吕同舟,等.行业对话[J].中国远洋海运,2019(11).

[284] 姚彦珂,纪寿文,田晖,等.考虑班期限制的中欧陆海快线路线优化[J].综合运输,2022(5).

[285] 姚艺飞,康文庆,初良勇,等."一带一路"背景下厦门港集装箱海铁联运发展对策[J].集装箱化,2019(10).

[286] 姚颖超.全面确立国家交通枢纽地位 有力支撑和引领宁波城市发展[J].宁波通讯,2020(21).

[287] 叶翀,邵博,李若然.港口经济腹地划分与促进区域经济发展关系研究——基于厦门港海铁联运带动腹地经济发展案例的分析[J].价格理论与实践,2021(10).

[288] 殷健,李永翠,耿卫宁,等.智能空轨集疏运系统设计[J].水运工程,2021(8).

[289] 殷杰,刘雅芳,杨东旭,等."一带一路"沿线欧洲诸国旅游开放度研究[J].经济地理,2017(6).

[290] 殷毅.把宁波港建成对接"一带一路"的国际枢纽——访全国人大代表、宁波港股份有限公司董事长李令红[J].中国船检,2014(3).

[291] 尹慧慧,赵有明.东北东部地区进口铁矿石海铁联运系统优化[J].水运工程,2015(6).

[292] 俞平,叶玉玲.长江经济带腹地宁波港集装箱海铁联运竞争力分析及对策研究[J].特区经济,2015(5).

[293] 查伟伟,曹鹏辉.广州港口集疏运体系的现状分析[J].海峡科技与产业,2021(8).

詹翔.上海地区海铁联运铁路无轨货场建设探讨[J].铁道货运,2020(11)

[294] 张冰,贾静静,梁裕."一带一路"背景下洛阳城市旅游区域合作研究[J].合作经济与科技,2018(1).

[295] 张翠云.集装箱铁海联运需求及内陆港布局研究[J].铁道经济研究,2022(1).

[296] 张德平.全力打造海陆统筹发展蓝色枢纽[J].山东经济战略研究,2013(4).

[297] 张丰婷,杨菊花,于江,等.基于海铁联运的集装箱班列服务路径优化[J].交通信息与安全,2021(4).

[298] 张广裕.西北地区参与"一带一路"建设实践研究[J].宁夏大学学报(人文社会科学版),2017(5).

[299] 张建卫.新亚欧大陆桥运营管理及发展的研究[J].铁道运输与经济,2014(6).

[300] 张郎杰.连云港铁路集装箱中心站方案研究[J].大陆桥视野,2021(7).

[301] 张磊.天津港集装箱海铁联运发展形势分析与对策[J].港口经济,2017(2).

[302] 张鹏.基于AHP的集装箱海铁联运无缝运输影响因素及权值分析[J].大连海事大学学报(社会科学版),2014(4).

[303] 张琦.推动大连口岸经济腹地港海铁联运高质量发展的思考[J].全国流通经济,2022,25.

[304] 张签名.海铁联运:进口食品最佳物流模式[J].中国远洋海运,2018(4).

[305] 张强,邵琛霞.大湄公河次区域(GMS)交通运输合作问题探析[J].西南林业大学学报(社会科学),2018(1).

[306] 张泉山."公转铁"趋势下宁夏内陆无水港发展[J].中国港口,

2022(1).

[307] 张仁崇,潘春燕,武星,等.非线性多目标概率优化问题的自适应采样免疫优化算法[J].电子学报,2021(4).

[308] 张戎,黄科.多式联运发展趋势及我国的对策[J].综合运输,2007(10).

[309] 张戎,闫攀宇.基于多 Agent 的集装箱海铁联运信息系统模型[J].同济大学学报(自然科学版),2007(1).

[310] 张戎,闫攀宇.基于腹地集装箱生成量分配的海铁联运运量预测方法研究[J].铁道学报,2007(2).

[311] 张戎,闫攀宇.上海洋山港区集装箱海铁联运分析及对策[J].综合运输,2006(Z1).

[312] 张戎,闫攀宇.洋山深水港区集装箱海铁联运现状分析及对策建议[J].中国港口,2006(8).

[313] 张戎,诸立超,陶学宗.基于混合 Logit 模型的饶甬运输链选择行为分析[J].交通运输系统工程与信息,2014(1).

[314] 张涛,王咏怡."一带一路"沿线国家"五通"动态数列测度及评价研究[J].印度洋经济体研究,2021(2).

[315] 张伟."青岛港—郑州内陆港海铁联运通关一体化"和"青岛—郑州—中亚"直通班列启动[J].大陆桥视野,2015(6).

[316] 张弦.上海临港地区海铁联运发展对策探讨[J].铁道货运,2021(7).

[317] 张晓宇.亚吉铁路海铁联运发展策略研究[J].铁道建筑技术,2022(5).

[318] 张逸龙,姚易发,余明霞.宁波海铁联运拓展港口辐射效应[J].宁波通讯,2018(9).

[319] 张永锋,刘万锋,张明齐.我国港口跨区域发展应对策略[J].集装箱化,2011(4).

[320] 张泽盛,董磊,朱丹飞.双循环战略下集装箱海铁联运高质量发展的思考[J].中国港口,2020(10).

[321] 张智,江陵.重塑华中能源格局 浩吉铁路打响水铁联运第一枪[J].企业观察家,2019(10).

[322] 章强,王学锋.新时期国家战略汇合点下上海港集装箱海铁联运发展策略[J].集装箱化,2015(4).

[323] 章秀琴,郭俊晖,黄伶俐.“一带一路”沿线国家基础设施建设水平评价[J].黄冈师范学院学报,2022(2).

[324] 赵慧娟.天津港集装箱海铁联运发展策略研究——基于SWOT-AHP模型[J].中国商论,2022(8).

[325] 赵坚.公铁货运的比较优势[J].中国公路,2018(8).

[326] 赵可金.“一带一路”的中国方略研究[J].新疆师范大学学报(哲学社会科学版),2016(1).

[327] 赵鸣.“丝绸之路经济带”战略的大陆桥运输效能显现[J].港口经济,2014(6).

[328] 赵娜,毛宗玮.宁波融入长三角区域现代物流联动发展策略[J].中国物流与采购,2012(6).

[329] 赵楠.2015年中国港口发展六大看点[J].中国远洋航务,2016(3).

[330] 赵鹏军,吕迪,胡昊宇,等.适应人口发展的现代化综合交通运输体系研究[J].地理学报,2020(12).

[331] 赵贤阳.宁波—舟山港集装箱海铁联运发展现状及对策[J].农村经济与科技,2018(5).

[332] 郑层林.大宗散货海铁联运的铁路运费测算[J].行政事业资产与财务,2017(10).

[333] 郑佳音,王凤山,郭敏.以“N+1”促进海铁联运“五定”班列常态化运营——基于江西上饶无水港的调查[J].当代经济,2013

(8).

[334] 郑明理.以集装箱班列为龙头带动铁海联运快速发展[J].大陆桥视野,2007(1).

[335] 郑平,何雪君,杨璨瑜.中国集装箱海铁联运发展瓶颈和要点分析[J].价值工程,2012(5).

[336] 郑平标.西部陆海新通道海铁联运班列发展策略研究[J].铁道运输与经济,2021(10).

[337] 郑信哲,王磊.关于边疆民族地区交通设施建设问题——以吉林省长白朝鲜族自治县为例[J].黑龙江民族丛刊,2017(3).

[338] 郑雪平,林跃勤."一带一路"建设进展、挑战与推进高质量发展对策[J].东北亚论坛,2020(6).

[339] 钟卫稼.新丝绸之路交通设施投资与经济增长的实证分析[J].价格月刊,2015(7).

[340] 仲火.网络协同 海陆并进[J].中国远洋航务,2007(1).

[341] 仲其庄."海铁"联运谱写"新亚欧大陆桥"运输新篇章[J].大陆桥视野,2007(11).

[342] 仲其庄.新亚欧大陆桥海铁联运发展情况[J].大陆桥视野,2009(11).

[343] 周晶晶.洋口港发展海铁联运的必要性[J].水运管理,2017(4).

[344] 周丽萍,张毓卿.东道国交通设施如何影响中国企业海外并购——基于"一带一路"倡议真实效应的研究[J].当代财经,2019(11).

[345] 周晓乐,游葭露,熊芳."一带一路"建设中影响民族地区贸易开放的因素——基于截面似不相关回归方法的实证分析[J].湖北工业大学学报,2016(6).

[346] 周雪晴,孙权."一带一路"规划视角下我国金融支持与对外贸

易的关系研究[J].海南金融,2015(7).

[347] 周一轩.政府和社会资本合作模式下港口集装箱海铁联运发展
策略[J].集装箱化,2017(3).

[348] 朱慧娟."一带一路"建设背景下新疆的机遇与发展潜力[J].山
东纺织经济,2016(12).

[349] 宗刚,方磊,刘径健.基于 ISM 的海铁联运发展影响因素研究
[J].管理现代化,2015(3).

[350] 宗合.中新项目:打开通往世界的"另一扇窗"[J].当代党员,
2018(7).

【外文文献】

[1] Afande, Ofunya, Ratemo et al. Intermodal transportation and
supply chain efficiency: a Kenyan perspective[J]. Industrial En-
gineering Letters,2015(7).

[2] Agbo A A, Zhang Y. Sustainable freight transport optimisation
through synchromodal networks[J]. Cogent Engineering,2017
(1).

[3] Aldemir G, Beldek T. A literature review on intermodal trans-
portation[J]. Press Academia Procedia,2017(1).

[4] Angelelli E, Archetti C, Peirano L. A matheuristic for the air
transportation freight forwarder service problem[J]. Computers
and Operations Research,2020, 123.

[5] Assadipour G, Ke G Y, Verma M. A Toll-Based Bi-Level pro-
gramming approach to managing hazardous materials shipments
over an intermodal transportation network[J]. Transportation
Research Part D,2016,47.

[6] Assadipour G, Ke G Y, Verma M. Planning and managing in-

termodal transportation of hazardous materials with capacity selection and congestion[J]. Transportation Research Part E, 2015,76.

[7] Atalay S, Çanci M, Kaya G. Intermodal transportation in Istanbul via Marmaray[J]. IBM Journal of Research and Development,2010(6).

[8] Bentz B A. The state of intermodal transportation: still a game changer? [J]. Logistics Management,2019(10).

[9] Bergqvist R, Behrends S. Assessing the effects of longer vehicles: the case of Pre-and Post-Haulage in intermodal transport chains[J]. Transport Reviews,2011(5).

[10] Bergqvist R, Falkemark G, Woxenius J. Establishing intermodal terminals[J]. World Review of Intermodal Transportation Research,2010(3).

[11] Berman J. Intermodal volumes finish 2013 strong reports IANA[J]. Logistics Management,2014(3).

[12] Bhamidipati C, Demetsky M. Evaluation of impacts of intermodal terminals on the highway system[J]. Transportation Research Record Journal of the Transportation Research Board, 2009(1).

[13] Blanchard D. Capacity for change[J]. Material Handling & Logistics,2010(5).

[14] Blue Sky Network and iridium equip open passage voyage with GPS tracking and communications system[J]. Electronics Business Journal,2009.

[15] Blue Sky Network launches SkyRouter 2, advanced web portal for comprehensive tracking of air, land and marine assets[J].

Energy Weekly News,2011.

[16] Bo Y, Zhu X, Wang D. Construction of Railway-Waterway intermodal transportation network with Crunode-Line combination based on path rationalization model[J]. Applied Mechanics and Materials,2013.

[17] Boschian V, Dotoli M, Fanti M P et al. A metamodeling approach to the management of intermodal transportation networks[J]. IEEE Transactions on Automation Science & Engineering,2011(3).

[18] Bouchery Y, Woxenius J, Fransoo J C. Identifying the market areas of Port-Centric logistics and hinterland intermodal transportation[J]. European Journal of Operational Research,2020(2).

[19] Bruns F, Knust S. Optimized load planning of trains in intermodal transportation[J]. OR Spectrum,2012(3).

[20] Butko T, Prokhorov V, Kolisnyk A et al. Devising an automated technology to organize the railroad transportation of containers for intermodal deliveries based on the theory of point processes[J]. Eastern-European Journal of Enterprise Technologies,2020(3).

[21] Canca D, Zarzo A, Gonzalez-R P L et al. A methodology for Schedule-Based paths recommendation in multimodal public transportation networks[J]. Journal of Advanced Transportation,2013(3).

[22] Cannas V G, Ciccullo F, Pero M et al. Sustainable innovation in the dairy supply chain: enabling factors for intermodal transportation[J]. International Journal of Production Research,

2020(24).

[23] Caris A, Janssens G K. A deterministic annealing algorithm for the Pre-and End-Haulage of intermodal container terminals[J]. International Journal of Computer Aided Engineering & Technology,2010(4).

[24] Chen H, Zhang Y. Analysis of port container Sea-Rail intermodal transportation system[J]. Journal of Physics: Conference Series,2021(1).

[25] Chen R, Meng Q, Jia P. Container port drayage operations and management: past and future[J]. Transportation Research Part E,2022.

[26] Chunjiao S, Haiyan W, Meng Y. Multi-Objective optimization of Customer-Centered intermodal freight routing problem based on the combination of DRSA and NSGA-Ⅲ[J]. Sustainability, 2022(5).

[27] Crainic T G, Perboli G, Rosano M. Simulation of intermodal freight transportation systems: a taxonomy[J]. European Journal of Operational Research,2018(2).

[28] Crainic T G. Chapter 8 intermodal transportation[J]. Handbooks in Operations Research and Management Science,2007 (24).

[29] CSXI President applauds new Rail-Truck opportunities[J]. Science Letter,2009.

[30] Current M G Y. The hub location and network design problem with fixed and variable arc costs: formulation and Dual-Based solution heuristic[J]. The Journal of the Operational Research Society,2008(1).

[31] Dadvar E, Ganji S R S, Tanzifi M. Feasibility of establishment of "Dry Ports" in the developing countries: the case of Iran[J]. Journal of Transportation Security,2011(1).

[32] Dai Q, Yang J. A distributionally robust Chance-Constrained approach for modeling demand uncertainty in green Port-Hinterland transportation network optimization [J]. Symmetry, 2020(9).

[33] Dandotiya R, Banerjee R N, Ghodrati B et al. Optimal pricing and terminal location for a Rail-Truck intermodal service: a case study[J]. International Journal of Logistics Research and Applications,2011(5).

[34] Devadze A, Chaganava P, Kordzaia I et al. Intermodal transportation as a quality improvement tool in tourism industry[J]. MATEC Web of Conferences,2021, 339.

[35] Digitization, diversification prevent Supply-Chain disruptions during pandemic[J]. Chemical Week,2020(23).

[36] Dotoli M, Fanti M P, Mangini A M et al. The impact of ICT on intermodal transportation systems: a modelling approach by Petri Nets[J]. Control Engineering Practice,2010(8).

[37] Dua A, Sinha D. Quality of multimodal freight transportation: a systematic literature review[J]. World Review of Intermodal Transportation Research,2019(2).

[38] Duan X, Heragu S. Carbon emission tax policy in an intermodal transportation network [R]. IIE Annual Conference, 2015.

[39] Ducruet C, Lee S-W. Measuring intermodalism at European port cities: an Employment-Based study[J]. World Review of

Intermodal Transportation Research,2007(3).

[40] Eichinger A. Characteristics and competitive implications of Air-Rail links in Germany[J]. World Review of Intermodal Transportation Research,2007(3).

[41] Eksioglu S D，Li S，Zhang S. Analyzing the impact of intermodal facilities to the design of supply chains for biorefineries [J]. Transportation Research Record Journal of the Transportation Research Board,2010(1).

[42] Eng-Larsson F，Norrman A. Modal shift for greener logistics exploring the role of the contract[J]. International Journal of Physical Distribution & Logistics Management,2014(10).

[43] Enterra solutions strengthens port and intermodal transportation security business with acquisition of Cincinnatus Consulting[J]. Transportation Business Journal,2008.

[44] Erfurth T，Bendul J. Transportation time and reliability in intermodal transport chains[J]. International Journal of Transport Economics,2017(2).

[45] Fan L，Wilson W W，Tolliver D. Optimal network flows for containerized imports to the United States[J]. Transportation Research Part E,2010(5).

[46] Fan Y，Behdani B，Bloemhof-Ruwaard J et al. Flow consolidation in hinterland container transport：an analysis for perishable and dry cargo[J]. Transportation Research Part E,2019, 130.

[47] Fattahi，Zahr，Behnamian. Location and transportation of intermodal hazmat considering equipment capacity and congestion impact：elastic method and Sub-Population genetic algorithm

[J]. Annals of Operations Research,2021.

[48] Febbraro A D, Sacco N, Saeednia M. An Agent-Based framework for cooperative planning of intermodal freight transport chains[J]. Transportation Research Part C,2016,64.

[49] Frank L, Dirks N, Walther G. Improving rural accessibility by locating multimodal mobility hubs[J]. Journal of Transport Geography,2021,94.

[50] Furtado P, Frayret J-M. Proposal sustainability assessment of resource sharing in intermodal freight transport with Agent-Based simulation[J]. IFAC-PapersonLine,2015(3).

[51] García J, Florez J E, lvaro Torralba A et al. Combining linear programming and automated planning to solve intermodal transportation problems[J]. European Journal of Operational Research,2013(1).

[52] Ghaderi H, Cahoon S, Nguyen H-O. Evaluation of impediments to the competitiveness of the rail sector in Australia[J]. Asia Pacific Journal of Marketing and Logistics,2017(5).

[53] Gharehgozli A, de Vries H, Decrauw S. The role of standardisation in European intermodal transportation [J]. Maritime Business Review,2019(2).

[54] Goetz A R, Szyliowicz J S, Vowles T M et al. Assessing intermodal transportation planning at state departments of transportation [J]. World Review of Intermodal Transportation Research,2007(2).

[55] Goggans P M, Henderson R W, Lei C. Design-as-Inference: Probability-Based design of intermodal transportation networks [J]. AIP Conference Proceedings,2015(1).

[56] Gohari A, Ahmad A B, Balasbaneh A T et al. Significance of intermodal freight modal choice criteria: MCDM-Based decision support models and SP-Based modal shift policies[J]. Transport Policy, 2022, 121.

[57] Gonzalez-Aregall M, Bergqvist R. The role of dry ports in solving seaport disruptions: a Swedish case study[J]. Journal of Transport Geography, 2019, 80.

[58] Gourdin K N. A different view of intermodal transportation [J]. Defense Transportation Journal, 2012(4).

[59] Gudmundsson S V. A global electronic market (GEM) for logistics services and Supply-Chain management: the expert view [J]. World Review of Intermodal Transportation Research, 2006(1).

[60] Guo S P. Internalization of transportation external costs: impact analysis of logistics company mode and route choices[J]. Transportation Planning and Technology, 2008(2-3).

[61] Guo W, Atasoy B, van Blokland W B et al. A dynamic shipment matching problem in hinterland synchromodal transportation[J]. Decision Support Systems, 2020, 134.

[62] Hamilton. Railway to Mexico[J]. ICIS Chemical Business, 2010 (18).

[63] Han Z, Strawderman L, Eksioglu B. The role of intermodal transportation in humanitarian supply chains[J]. Journal of Emergency Management, 2011(1).

[64] Han, Wan M, Zhou Y et al. Evaluation of multimodal transport in China Based on hesitation fuzzy multiattribute Decision-Making[J]. Mathematical Problems in Engineering, 2020(12).

[65] Hanaoka S, Kunadhamraks P. Multiple criteria and fuzzy based evaluation of logistics performance for intermodal transportation[J]. Journal of Advanced Transportation, 2009(2).

[66] He Z, Haasis H-D. Integration of urban freight innovations: sustainable Inner-Urban intermodal transportation in the retail/postal industry[J]. Sustainability, 2019(6).

[67] Heilporn G, De Giovanni L, Labbé M. Optimization models for the single delay management problem in public transportation [J]. European Journal of Operational Research, 2006(3).

[68] Heinold A, Meisel F. Emission limits and emission allocation schemes in intermodal freight transportation[J]. Transportation Research Part E, 2020, 141.

[69] Heinold A, Meisel F, Ulmer M W. Primal-Dual value function approximation for stochastic dynamic intermodal transportation with Eco-Labels[J]. Transportation Science, 2022.

[70] Hilletofth P, Lorentz H, Savolainen V-V et al. Using Eurasian landbridge in logistics operations: building knowledge through case studies[J]. World Review of Intermodal Transportation Research, 2007(2).

[71] Holguín-Veras J, Jara-Díaz S. Optimal Two-Part pricing and capacity allocation with multiple user classes and elastic arrivals at constrained transportation facilities[J]. Networks and Spatial Economics, 2010(4).

[72] Hosseini S, Khaleda A A. Freight flow optimization to evaluate the criticality of intermodal surface transportation system infrastructures[J]. Computers & Industrial Engineering, 2021(6).

[73] Hu X. The Influence of logistics mode on cross border E-Com-

merce business scale[R]. E3S Web of Conferences,2021.

[74] Huang L, Zhao J. Optimizing the service network design problem for railroad intermodal transportation of hazardous materials[J]. Journal of Advanced Transportation,2022(3).

[75] Huang Q, Sun L, Jia F et al. Automatic scaling mechanism of intermodal EDI system under green cloud computing[J]. Journal of Advanced Transportation,2022.

[76] Ibragimov U N, Tokhirov M M. Development of single and externally integrated transport area in Central Asia[J]. World of Transport and Transportation,2020(4).

[77] Infante D, Paletta G, Vocaturo. A Ship-Truck intermodal transportation problem[J]. Maritime Economics & Logistics, 2009(3).

[78] Ji S, Luo R. A hybrid estimation of distribution algorithm for Multi-Objective Multi-Sourcing intermodal transportation network design problem considering carbon emissions[J]. Sustainability,2017(7).

[79] Jiang L, Wei Y G. Analysis of the Tanzania-Zambia railway Rail-Sea intermodal transportation collection and separation system[J]. Applied Mechanics and Materials,2015,744-746.

[80] JohnstonB. Slow tracks won't help fast trains[J]. Trains,2009 (5).

[81] JTS announces strategic alliance with CSX Intermodal, Inc. [J]. Journal of Transportation,2009.

[82] Kadam S, Bandyopadhyay P. Mapping intermodal transportation through bibliometrics[J]. International Journal of Innovative Technology and Exploring Engineering,2019(11S).

[83] Kanafani A, Wang R, Griffin A. The economics of Speed-Assessing the performance of high speed rail in intermodal transportation[J]. Procedia-Social and Behavioral Sciences,2012,43.

[84] Ke G Y, Verma M. A framework to managing disruption risk in Rail-Truck intermodal transportation networks[J]. Transportation Research Part E: Logistics and Transportation Review,2021,153.

[85] Ke G Y. Managing Rail-Truck intermodal transportation for hazardous materials with random yard disruptions[J]. Annals of Operations Research,2020(2).

[86] Kelle P, Song J J, Jin M Z et al. Evaluation of operational and environmental sustainability tradeoffs in multimodal freight transportation planning[J]. International Journal of Production Economics,2019,209.

[87] Kerkloh M. Munich airport: intermodal transportation hub in the centre of Europe[J]. VDI Berichte,2008.

[88] Kim H J, Chang Y T. Analysis of an intermodal transportation network in Korea from an environmental perspective[J]. Transportation Journal,2014(1).

[89] Kim J, Kim K, Yuen K et al. Cost and scenario analysis of intermodal transportation routes from Korea to the USA: after the Panama Canal expansion[J]. Sustainability,2020(16).

[90] Kirschstein T, Meisel F. GHG-Emission models for assessing the eco-friendliness of road and rail freight transports[J]. Transportation Research Part B,2015,73.

[91] Kuehn, Jason. Green Signals growth for intermodal transportation[J]. Material Handling & Logistics,2014(9).

[92] Kulev M, Roshchupkin S, Miloslavskaya S et al. Intermodal transportation using inland water transport in Russia and Abroad[J]. MATEC Web of Conferences,2021,334.

[93] Kurapati S, Lukosch H, Verbraeck A et al. Improving resilience in intermodal transport operations in seaports: a gaming approach[J]. EURO Journal on Decision Processes,2015(3-4).

[94] Kusumawati D. Perencanaan integrasi transportasi antarmodadal am pembangunan bandar Udara[J]. Warta Ardhia: JurnalPerhubungan Udara,2017(2).

[95] Kuzmicz K A, Pesch E. Approaches to empty container repositioning problems in the context of Eurasian intermodal transportation[J]. Omega,2019, 85.

[96] Laaziz E H, Sbihi N. A service network design model for an intermodal Rail-Road freight forwarder[J]. International Journal of Logistics Systems & Management,2019(3/4).

[97] Lam J S L, Gu Y. Port hinterland intermodal container flow optimisation with green concerns: a literature review and research agenda[J]. International Journal of Shipping & Transport Logistics,2013(3).

[98] Lance D. Roberts of FLS Transportation invited to speak at KCI Kentucky Critical Infrastructure by DHS Department of Homeland Security[J]. Transportation Business Journal,2009.

[99] Lee E, Oduor P G, Farahmand K et al. A coupled linear programming model with geospatial dynamic trip assignment for global-scale intermodal transportation[J]. Maritime Economics & Logistics,2014(1).

[100] LevansM. Ready to get on board? [J]. Logistics Management

(2002),2008(3).

[101] Li L, Wang J, Wang H et al. Intermodal transportation hub location optimization with governments subsidies under the Belt and Road Initiative[J]. Ocean and Coastal Management, 2023,231.

[102] Liu D, Deng Z, Sun Q et al. Design and freight Corridor-Fleet size choice in collaborative intermodal transportation network considering economies of scale[J]. Sustainability,2019(4).

[103] Liu Z, Gu Z, Bai Y et al. Intermodal transportation of modular structure units[J]. World Review of Intermodal Transportation Research,2018(2).

[104] Luo P, Bai L, Evans G et al. A study of intermodal transportation network design with emission incentives and mode transfer costs[R]. IIE Annual Conference,2014.

[105] Maiyar L M, Thakkar J J. Modelling and analysis of intermodal food grain transportation under hub disruption towards sustainability[J]. International Journal of Production Economics,2019, 217.

[106] Marinov M. Rail and multimodal freight: a Problem-Oriented survey (part II-2)[J]. Transport Problems: an International Scientific Journal,2009(4).

[107] Masmoudi M A, Kuzmicz K A, Pesch E et al. Container truck transportation routing as a mixed fleet heterogeneous Dial-a-Ride Problem[R]. MATEC Web of Conferences,2020, 312.

[108] Meisel F, Kirschstein T, Bierwirth C. Integrated production and intermodal transportation planning in large scale Produc-

tion-Distribution-Networks[J]. Transportation Research Part E,2013, 60.

[109] Meng Q, Wang X. Intermodal Hub-and-Spoke network design: Incorporating multiple stakeholders and Multi-Type containers[J]. Transportation Research Part B,2010(4).

[110] Merrina A, Sparavigna A, Wolf R A. The intermodal networks: a survey on intermodalism[J]. World Review of Intermodal Transportation Research,2007(3).

[111] Miloslavskaya S, Panychev A, Myskina A et al. Intermodal transportation using inland water transport in Russia and a-broad[J]. IOP Conference Series: Materials Science and Engineering,2019(6).

[112] Min H, Ko H-J, Lim C-S. Designing the global inland transportation network[J]. Int. J. of Logistics Systems and Management,2009(5).

[113] Morandi N, Leus R, Yaman H. Exact algorithms for budgeted Prize-Collecting covering subgraph problems[J]. Computers and Operations Research,2022,144.

[114] Mota B, Gomes M I, Carvalho A et al. Sustainable supply chains: an integrated modeling approach under uncertainty [J]. Omega,2017,77.

[115] Mustapha O. A simulated annealing algorithm for intermodal transportation on incomplete networks[J]. Applied Sciences, 2021(10).

[116] Nash K, Zhang H, Leggett H et al. An Intermodal transportation training program for disaster relief agencies[R]. IIE Annual Conference,2011.

[117] Nemoto T. Planning framework for international freight transportation infrastructure: a case study on the East-West economic corridor in the greater mekong subregion[J]. The Asian Journal of Shipping and Logistics,2009(2).

[118] New findings in metamodeling described by V. Boschian and Co-Researchers[J]. Technology & Business Journal,2011.

[119] New findings reported from M. Dotoli and Co-Authors describe advances in control engineering[J]. Journal of Engineering,2010.

[120] North Carolina establishes the congestion relief and intermodal transportation 21st Century Fund[J]. Planning & Environmental Law,2009(11).

[121] Nossack J, Pesch E. A truck scheduling problem arising in intermodal container transportation[J]. European Journal of Operational Research,2013(3).

[122] O'Connell J F. The changing dynamics of the Arab Gulf based airlines and an investigation into the strategies that are making Emirates into a global challenger[J]. World Review of Intermodal Transportation Research,2006(1).

[123] Odyssey Logistics & Technology purchases optimodal[J]. Manufacturing Close-Up,2011.

[124] Oliveira A M K, Filho J V C. Potencial da logísticaferroviária para exportação de açúcarem São Paulo: recomendações de localização para armazénsintermodais[J]. Revista de Economia e Sociologia Rural,2007(4).

[125] OnAsset and TransCore deliver industry's first Easy-to-Use, Pay-per-Day Security solution for intermodal transportation

[J]. Bioterrorism Week,2010.

[126] Onyemechi C, Sule A, Igboanusi C et al. Challenges of multi-modalism in the West Africa's trade corridor[J]. Journal of Coastal Zone Management,2020(3).

[127] Pacer in talks to revise current credit agreement[J]. Transport Topics,2009.

[128] Pamučar D S. Primena SWOT analizenasistemintegralnog-transportaVojskeSrbije/SWOT analysis of the intermodal transportation system in the Army of Serbia[J]. Vojnotehnički Glasnik,2008(2).

[129] Park D, Ha O, Lee K et al. Analysis of effects of introducing RFID into ULS pallet[J]. Seoul Studies,2010(2).

[130] Pattanamekar P, Park D, Lee K-D et al. Genetic Algorithm-Based approach for estimating commodity OD matrix [J]. Wireless Personal Communications,2014(4).

[131] Peng Z, Wang H, Wang W et al. Intermodal transportation of full and empty containers in Harbor-Inland regions based on revenue management[J]. European Transport Research Review,2019(1).

[132] Philipp M J, Elbert R, Emde S. Integrating vehicle routing into intermodal service network design with stochastic transit times[J]. EURO Journal on Transportation and Logistics,2021(10).

[133] Puettmann C, Stadtler H. A collaborative planning approach for intermodal freight transportation[J]. OR Spectrum: Quantitative Approaches in Management,2010(3).

[134] Radonjić A, Pjevčević D, Hrle Z et al. Application of dea

method to intermodal container transport[J]. Transport, 2011 (3).

[135] Remembering ite past international President John D. Edwards JR. P. E. [J]. Institute of Transportation Engineers. ITE Journal, 2016(4).

[136] Rempel G, Moshiri M, Milligan C et al. Options for hauling fully loaded ISO containers in the United States[J]. Journal of Transportation Engineering, 2012(6).

[137] Rhoades D L. World review of intermodal transportation research[J]. International Journal of Microstructure and Materials Properties, 2010(6).

[138] Rodrigue J-P. The Thruport concept and transmodal rail freight distribution in North America[J]. Journal of Transport Geography, 2007(4).

[139] Rossetti C L. The candy container competition: reinforcing gross weight, balance, and stowage in intermodal transportation[J]. Decision Sciences Journal of Innovative Education, 2018(4).

[140] Rosyida E, Santosa B, Pujawan I N. Freight route planning in intermodal transportation network to deal with combinational disruptions[J]. Cogent Engineering, 2020(1).

[141] Ruan J, Chan F T S, Zhao X. Re-Planning the intermodal transportation of emergency medical supplies with updated transfer centers[J]. Sustainability, 2018(8).

[142] Ruan J, Wang X, Shi Y. A Two-Stage approach for medical supplies intermodal transportation in Large-Scale disaster responses[J]. International Journal of Environmental Research

and Public Health,2014(11).

[143] Saad S S. ITS in Japan, a different approach to transportation policy[J]. World Review of Intermodal Transportation Research,2006(1).

[144] Sahin B, Yilmaz H, Ust Y et al. An approach for economic analysis of intermodal transportation[J]. The Scientific World Journal,2014.

[145] Santos B F, Limbourg S, Carreira J S. The impact of transport policies on railroad intermodal freight competitiveness: the case of Belgium[J]. Transportation Research Part D, 2015,34.

[146] Sarhadi H, Tulett D M, Verma M. A Defender-Attacker-Defender approach to the optimal fortification of a rail intermodal terminal network[J]. Journal of Transportation Security,2015 (1-2).

[147] Sarhadi H, Tulett D M, Verma M. A Tri-Level Mixed-Integer program for the optimal fortification of a rail intermodal terminal network[J]. International Journal of Operational Research,2022(1-2).

[148] Sarhadi H, Tulett D M, Verma M. An analytical approach to the protection planning of a rail intermodal terminal network [J]. European Journal of Operational Research,2017(2).

[149] Sawadogo M, Anciaux D, Roy D. Reducing intermodal transportation impacts on society and environment by path selection: a multiobjective shortest path approach[J]. IFAC Proceedings Volumes,2012(6).

[150] Sawadogo M, Anciaux D. Sustainable supply chain by inter-

modal itinerary planning: a multiobjective ant colony approach [J]. Int. J. of Agile Systems and Management,2012(3).

[151] Schneider National, Inc. : strategic analysis review[J]. M2 Presswire,2009.

[152] Shahooei S, Najafi M, Ardekani S A et al. Intermodal terminal design for autonomous freight transportation systems[J]. American Journal of Transportation and Logistics,2018(8).

[153] Shen L, Su Z C, Xu Y et al. Study on evaluation of transport routes between China and Myanmar in the context of Belt and Road Initiative by fuzzy AHP-TOPSIS[J]. International Journal of Shipping and Transport Logistics,2022(4).

[154] Shi Jihui, Opoku-Gyemang K, Cheng Z. Optimizing intermodal transport and hub location problem for ECOWAS in the context of improving Intra-African Trade[J]. Journal of Advanced Transportation,2022.

[155] Shrivastava P, O'Mahony M. Integrated approach towards sustainable development [J]. World Review of Intermodal Transportation Research,2010(1/2).

[156] Snider B, Southin N, Cole R. Patio swings intermodal shipping competition: an Inquiry - Based partial information exercise[J]. Decision Sciences Journal of Innovative Education, 2019(2).

[157] Stephan K, Boysen N. Crane scheduling in railway yards: an analysis of computational complexity[J]. Journal of Scheduling,2017(5).

[158] Stich B. Intermodal transportation disruption and reroute simulation framework: lesson for freight planning[J]. Transpor-

tation Research Record,2014(1).

[159] Sun L, Rong J, Yao L. Measuring transfer efficiency of urban public transportation terminals by data envelopment analysis [J]. Journal of Urban Planning and Development,2010(4).

[160] Therese S A, Buys L, Bell L et al. The role of land use and Psycho-Social factors in high density residents' work travel mode choices: implications for sustainable transport policy [J]. World Review of Intermodal Transportation Research, 2010(1/2).

[161] Tom A. Costs driving shift to intermodal transportation[J]. Material Handling & Logistics,2013(4).

[162] Tsamboulas D, Moraiti P. Decision support tool of the sea intermodal corridor[J]. Transportation Research Record: Journal of the Transportation Research Board,2013(1).

[163] Uddin W. Value engineering applications for managing sustainable intermodal transportation infrastructure assets[J]. Management and Production Engineering Review,2013(1).

[164] US Liner Company announces an investment by Sverica International[J]. Transportation Business Journal,2009.

[165] van Eeden J, Havenga J. Identification of key target markets for intermodal freight transport solutions in South Africa[J]. Journal of Transport and Supply Chain Management, 2010 (1).

[166] Verma M, Verter V. A Lead-Time based approach for planning Rail-Truck intermodal transportation of dangerous goods [J]. European Journal of Operational Research,2010,202.

[167] Wang L, Zhu X, Xie Z. Rail mounted gantry crane scheduling

in Rail-Truck transshipment terminal[J]. Intelligent Automation & Soft Computing,2016(1).

[168] Wang M. The role of Panama Canal in global shipping[J]. Maritime Business Review,2017(3).

[169] Wang W, Xu X, Jiang Y et al. Integrated scheduling of intermodal transportation with seaborne arrival uncertainty and carbon emission[J]. Transportation Research Part D, 2020, 88.

[170] Wang X, Meng Q, Miao L. Delimiting port hinterlands based on intermodal network flows: model and algorithm[J]. Transportation Research Part E,2016,88.

[171] Wang X, Wong Y D, Li K X et al. Transport research under belt and road initiative: current trends and future research agenda[J]. Transportmetrica A Transport Science,2020(4).

[172] Wang Y, Bilegan I, Crainic T G et al. Performance indicators for planning intermodal barge transportation systems [J]. Transportation Research Procedia,2014(3).

[173] Wolfgang G G. Air/rail passenger intermodality concepts in Germany[J]. World Review of Intermodal Transportation Research,2007(3).

[174] Wu X, Cao L. Using heuristic MCMC method for terminal location planning in intermodal transportation[J]. International Journal of Operational Research,2018(4).

[175] Xie X. An integrated Sea-Land transportation system model and its theory[J]. Transportation Research Part C,2009(4).

[176] Xu S X, Cheng M, Huang GQ. Efficient intermodal transportation auctions for B2B E-Commerce logistics with transaction

costs[J]. Transportation Research Part B,2015,80.

[177] Y Bouchery Y, Fransoo J. Cost, carbon emissions and modal shift in intermodal network design decisions[J]. International Journal of Production Economics,2015,164.

[178] Yao C, Zhou X. Feeder delivery vehicle scheduling optimization of High-Speed railway express based on trunk and branch intermodal transportation[J]. Scientific Reports,2022(1).

[179] Yashiro R, Kato H. Intermodal connection of High-Speed rail with interregional bus services in Japan[J]. Transportation Research Record,2020(11).

[180] Yu K, Wang Y J, Moberg C R et al. Adopting Ro-Ro transportation in inland China: a decision criteria survey of shippers, forwarders, and haulers[J]. Int. J. of Logistics Systems and Management,2013(4).

[181] Yu Y. The application of policy leverage in promoting the sustainable development of intermodal freight transport [J]. MATEC Web of Conferences,2016,81.

[182] Zahraee S M, Shiwakoti N, Stasinopoulos P. Environmental emissions and cost vs. intermodal transportation technological development Trade-Off for the design of woody biomass supply chain[J]. Procedia CIRP,2022,109.

[183] Zehendner E, Feillet D. Benefits of a truck appointment system on the service quality of inland transport modes at a multimodal container terminal[J]. European Journal of Operational Research,2014(2).

[184] Zelenika R, Vukmirović S, Mujić H. Computer-Supported modelling of multi modal transportation networks rationaliza-

tion[J]. Promet (Zagreb),2007(5).

[185] Zeng Q, Maloni M, Paul J A et al. Dry port development in China: motivations, challenges, and opportunities[J]. Transportation Journal,2013(2).

[186] Zhang W, Wang X, Yang K. Incentive contract design for the Water-Rail-Road intermodal transportation with travel time uncertainty: a stackelberg game approach[J]. Entropy, 2019 (2).

[187] Zhang Z, Zhao J, Cui J et al. Reliability analysis of logistics network of Rail-sea Intermodal transportation in internet of things environment [J]. Journal of Coastal Research, 2018 (sp1).

[188] Zhao J, Zhu X, Wang L. Study on scheme of outbound railway container organization in Rail-Water intermodal transportation[J]. Sustainability,2020(4).

[189] Zhao J, Zhu X, Liu Y et al. Practical model for inbound container distribution organization in Rail-Water transhipping terminal[J]. Journal of Control Science and Engineering,2018.

[190] Zhou Ji, Du M, Chen A. Multimodal urban transportation network capacity model considering intermodal transportation [J]. Transportation Research Record,2022(9).

[191] Zweers B G, van der Mei R D. Minimum costs paths in intermodal transportation networks with stochastic travel times and overbookings [J]. European Journal of Operational Research,2022(1).